科学家名人传记丛书

哥伦布

新大陆发现者

New World discoverer

Columbus

傅德岷——主编

上海科学技术文献出版社
Shanghai Scientific and Technological Literature Press

图书在版编目(CIP)数据

哥伦布:新大陆发现者/傅德岷主编. —上海 :
上海科学技术文献出版社, 2021
ISBN 978-7-5439-8379-3

Ⅰ. ①哥… Ⅱ. ①傅… Ⅲ. ①哥伦布(Columbus,
Christopher 1451—1506)—传记—青少年读物
Ⅳ. ①K835.465.89-49

中国版本图书馆 CIP 数据核字(2021)第 144481 号

策划编辑:张 树
责任编辑:王 珺

哥伦布:新大陆发现者

傅德岷 主编

*

上海科学技术文献出版社出版发行
(上海市长乐路 746 号 邮政编码 200040)
全国新华书店经销
四川省南方印务有限公司印刷

*

开本 650×900 1/16 印张 13 字数 260 000
2021 年 8 月第 1 版 2021 年 8 月第 1 次印刷
ISBN 978-7-5439-8379-3
定价:48.00 元
http://www.sstlp.com

前　言

克里斯托弗·哥伦布（Christopher Columbus，约 1451—1506）意大利著名航海家，美洲新大陆的发现者。

1451 年哥伦布生于意大利的热那亚，父亲是当地有名的纺织匠，哥伦布从小时候起便对航海和来往于海上的商船产生了浓厚的兴趣。14 岁热爱航海冒险的哥伦布开始了他的海上生活。他读过《马可·波罗游记》，十分向往印度和中国。

1476 年，哥伦布 25 岁，他随着一艘沉船的残骸安全地游到了葡萄牙。以后的几年，他就住在葡萄牙并且结了婚，有了孩子。不幸的是，他年轻的妻子不久就过世了。

当时，地圆说已经很盛行，哥伦布对此深信不疑。1482 年开始，他先后向葡萄牙、西班牙、英国、法国等国国王请求资助，以实现他向西航行到达东方国家的计划，但都遭到了拒绝。一方面，地圆说的理论尚不十分完备，许多人不相信，还把哥伦布看成江湖骗子；另一方面，当时西方国家对东方物质财富的需求除了传统的丝绸、瓷器、茶叶外，最重要的是香料和黄金。其中香料是欧洲人生活起居和饮食烹调必不可少的材料，需求量很大，而本地又不生产。这些商品主要经传统的海、陆联运和商路运输。经营这些商品的既得利益集团也极力反对哥伦布开辟新航路的计划。

哥伦布为实现自己的计划，十年之间四处游说，直到1492年才获得西班牙王室的资助，开始远航探险。1492年8月3日，哥伦布受西班牙国王派遣，带着给印度君主和中国皇帝的国书，率领120名水手，分乘“圣·玛丽亚”号、“平达”号和“尼纳”号3艘帆船，从西班牙巴洛斯港扬帆驶出大西洋，向正西航行。他们在茫茫大海中经历了70个昼夜，直到10月12日凌晨才终于发现了陆地，哥伦布以为到达了印度。后来才知道，哥伦布登上的这块土地，是现在属于中美洲加勒比海中的巴哈马群岛，当时哥伦布把它命名为“圣萨尔瓦多”。哥伦布深信他脚下的陆地正是“印度”，为了寻找《马可·波罗游记》中所描述的“遍地黄金与满野香料”的地方，他继续航行寻找新陆地。后来，因旗舰“圣·玛丽亚”号触礁，他只好在海地留下39人，建立殖民据点（即“圣诞堡”），此后带领其他人于1493年1月，乘另两艘船返回西班牙。经过几个月的远航，哥伦布于1493年3月凯旋。消息传开后，不仅轰动了西班牙，也震惊了整个欧洲。西班牙女王在巴塞罗那宫廷举行了隆重的欢迎仪式。

哥伦布首航成功后，又先后进行了三次航行。首航后第二次在1498年9月，这次航行规模最庞大，有17艘船、1500名船员出海。后来又分别进行了第三次、第四次远航。他先后到过巴哈马群岛、古巴、海地、小安的列斯群岛、波多黎各、牙买加、特立尼达及中美洲的加勒比海沿岸。

直到1506年逝世，哥伦布一直以为他所到之处就是印度，因此后人把那些岛屿称为“西印度群岛”，那里的土著居民也被称为“印第安人”。

哥伦布的远航是世界大航海时代的开端。不断开辟的新航路，改变了世界历史的进程。它使海外贸易的路线由地中海转移到大西洋沿岸。从那以后，西方开始走出中世纪的黑暗，以不可阻挡之势崛起于世界，并在之后的几个世纪中，成就了海上霸业。从此，一种全新的工业文明成为世界经济发展的主流。

目　录

第一篇　热衷于航海的少年

发现只孕育在勇往直前的坚持之中。我想，它与懦夫大概永远无缘。

——哥伦布

热那亚的“小航海迷”

“这么晚了，哥伦布这孩子还不回来……大概又溜到什么地方玩去了。”从早上就一直忙着工作的父亲多明尼科·哥伦布已经感到很饿了。菜肴已经全都摆上了桌，妻子苏珊娜费了大半天工夫烹调的鱼和烤鸡，又香又肥，令人馋涎欲滴。

1429 年，哥伦布的祖父把哥伦布的父亲多明尼科·哥伦布送到毛纺工人那儿去当学徒。他在 1439 年出师并成为毛纺织工人中的佼佼者。

1445 年他和一个同业的女儿苏珊娜结婚，1451 年哥伦布出生了。哥伦布有两个弟弟，巴索罗缪和狄亚哥，最小的妹妹名叫碧安卡。弟弟狄亚哥后来曾随同哥伦布出海航行。

多明尼科是一位手艺精湛的织布师傅。他每天的工作就是把进口的羊毛加以梳纺，染上各种颜色，然后织成布料。他手下有七八位工人，生意相当兴隆。

“我的肚子好饿！”巴索罗缪可怜地嚷着。

“我们先开饭好了，哥伦布不晓得要到什么时候才回来呢。待会儿他回来时，可得好好训他一顿才行。”多明尼科拿起杯子，一边倒酒一边说。

哥伦布那年 13 岁，本来在家里帮忙。但是，父亲却认为他的手艺不够灵巧，倒是老二巴索罗缪更适合于这种精细的工作。因此，就在半个月以前，多明尼科把推销成品的工作派给了哥伦布。

哥伦布的任务是带着布料的样品到各行号去兜售。那些停

热那亚

泊在港口的船只也是他展示样品、招揽生意的好去处。可是，每次在码头上遇到水手们时，哥伦布总是只顾听他们谈论外地港埠的种种见闻而忘了自己的推销工作。

“哥伦布准是对织布不感兴趣，只想当船员，自己开创一番事业。我小时候不也一心一意想到海上航行吗?”多明尼科忽地停止了吃饭，心想：“怎么能责备哥伦布呢?”

哥伦布的故居现在还保留在意大利的热那亚市。哥伦布在那里度过了他的少年时代。

当时的热那亚与威尼斯齐名，是地中海最繁盛的贸易港口之一。港内船舶大多是商船，那里帆桅林立，人来人往，景象蔚为壮观。热那亚的码头附近有交易所、银行及专做船员生意的酒吧、旅馆等；市区内一幢幢豪华巨宅处处可见，那些装饰着雕刻艺术品的美丽庭院和别具匠心的建筑比起王公贵族的宅第来也毫不逊色。

只要是出生在热那亚的男孩子，向往航海是理所当然的事。从船上打杂干起，若有朝一日能拥有自己的船只，将东方各国的珍贵产品运到欧洲各地去销售，那么生活就可以过得很富足，周围的人也会尊称他一声“船长”。

背景知识

热那亚共和国

热那亚共和国位于亚平宁半岛的意大利，曾经热那亚是仅次于威尼斯的重要贸易城市。热那亚的贸易对象遍布地中海和黑海，它的主要对手是比萨，但最终热那亚打败了比萨，在13

世纪晚期从比萨手中夺取了科西嘉岛。在1283年西西里的安如家族和阿拉贡王国争夺西西里控制权的时候，热那亚的商人们幸运地选择了胜出的一方，获得了当政者支持的热那亚商人们，主导了西西里经济，给予统治阶级贷款、组织并控制糖和丝绸的生产。除此之外，因热那亚当地并不出产粮食，所以十分依赖西西里谷物输出。因此商人们也垄断了西西里的谷物出口，同时马格里布也需要西西里的谷物，所以热那亚以谷物与马格里布交换，又得到了非洲的黄金。

热那亚因1380年跟威尼斯共和国进行基奥贾海战，经历了欧洲14世纪晚期到15世纪的经济紧缩而开始衰落。奥斯曼帝国取代了热那亚在爱琴海的商业主导地位，而黑海的贸易份额亦被挤压。在这段时间，热那亚的大部分领土都被法国及米兰占领。从1499年至1528年，热那亚共和国经历了它的最低谷，热那亚共和国差不多持续地被法国占领。西班牙人和它的盟友——热那亚的“旧贵族”们，于热那亚背后筑起山城堡垒围

热那亚港口

困该市，并于1522年5月30日夺取了热那亚，对这座城市进行残酷掠夺。当热那亚海军上将安德烈亚·多利亚联合罗马帝国皇帝查理五世驱逐法国人并维持热那亚的独立时，复兴的迹象开始了：1528年热那亚的银行第一次借贷给查理五世。

威尼斯

在这之后，热那亚成为西班牙帝国中地位较低的附庸国，热那亚银行家们为多位西班牙国王的外交活动提供资金支持。历史学家费而南·布罗代尔甚至称1557年至1627年的这段时期为“热那亚的时代”“这一朝代是一个文明开化、不为人知、历史学家们长时间忽略的盛世”，现在观光者经过热那亚色彩艳丽的巴罗可式的建筑时，仍能感受到热那亚当年的富足。但这些财产并不由热那亚人共享，而是集中于一个组织严密的热那亚银行金融家圈子，他们是真正的“风险资本家”。

热那亚银行的借贷活动起源于1557年，那时西班牙国王腓力二世宣布国家破产，令德国银行业务陷于瘫痪，终结了西班牙金融家支配银行业的垄断局面。热那亚银行家给予周转不灵的哈布斯堡王室一笔流动贷款和一笔可信定期的收入。为偿还贷款，王室将来源不可靠的美洲白银用船迅速地由塞维利亚运送到热那亚，提供资金给银行为他们做更长远的投资。17世纪西班牙的衰落造成了热那亚的再次衰落，而西班牙王室屡次的破产，亦令很多热那亚商人倾家荡产。

18 世纪，热那亚继续衰落，1768 年因科西嘉岛发生地方叛乱而被迫将科西嘉卖给法国，但热那亚仍比同时期的威尼斯繁荣。1797 年热那亚共和国被拿破仑的法国革命军占领，推翻了以往领主的统治，而以知名的利古里亚共和国代替。

拿破仑在夺取法国权力之后，对热那亚颁布了更保守的法规，但利古里亚共和国只存在了很短一段时间，在 1805 年它被法国吞并，成为法国的亚平宁省、泽尼斯省和芒特拉若利省。

1814 年春季，拿破仑被打败之后，英军代表威廉·斑迪克勋爵怂恿热那亚地区的领主们宣布恢复热那亚共和国。但在维也纳会议中热那亚被判定归属于萨丁尼亚王国。英军于 1814 年 12 月撤退，而热那亚于 1815 年 1 月 3 日被萨丁尼亚吞并。

哥伦布的父亲多明尼科也是怀着对航海的憧憬长大的。因此，他对于哥伦布不能专心推销布料而热衷于打听航海消息的行为很理解。但是，仅仅怀着希望是不可能成为船员的，到头来也只不过是少年时期的一个梦想而已。

当晚饭快要结束时，哥伦布慌慌张张地从外面跑了进来。

“爸爸，我回来了。刚才我在巴罗尼叔叔那里听他讲马可·波罗的故事，实在很有趣呢!”哥伦布一边喘气一边说着，兴奋得眼睛闪闪发亮。

“哦，那是一本名叫《东方见闻录》的书上所写的故事吧。不错，书是写得很好，但内容大部分是杜撰的。这本马可·波罗的游记，根本没有人把它当真。好了，好了，生意到底做得

马可·波罗

怎样?”多明尼科·哥伦布只关心布料的销售情况，对儿子哥伦布的问题，有些漫不经心。

“巴罗尼叔叔和麦都洛船长都订购了。可是，我倒觉得那些故事不像是杜撰的。”哥伦布的眼睛因为激动，一闪一闪的。

巴罗尼是一位见多识广的商人，家里收藏着很多书籍，为人很亲切。他告诉哥伦布，等他有能力看书时，要看什么书就尽管向他借。

自从德国人谷腾堡在1445年利用铅字发明活版印刷术以后，虽然已经过去了二十年，但是印刷的书本还是非常珍贵，只有相当富有的人才买得起这种书。

书本上所写的文章，只有具备良好拉丁文基础的人才读得懂。巴罗尼叔叔为了满足哥伦布的好奇心，就把《东方见闻录》的内容扼要地讲给他听。

当天晚上，哥伦布上了床以后，脑子里仍一直在想着马可·波罗所经历过的亚洲土地，久久不能入眠。

《东方见闻录》的启示

哥伦布在工作之暇，开始尽量抽出时间学拉丁文。在罗马帝国时代被定为官方语言的拉丁文，无论读还是写都有相当的难度。

然而，如果不学会拉丁文就没有办法读书。据说，因为哥伦布的父亲和织布师傅们没有能力教他识字，而他又急于阅读航海术和地理、历史方面的书籍，哥伦布在 14 岁时就上了巴比亚的学校。

“哥伦布，顾客对你上次送来的上等布料非常满意，很快就卖完了。下次再送十套来吧。你现在的拉丁文学得怎么样?”有一次巴罗尼愉快地问道。

“还好，考试的成绩也还说得过去。我今天想请求您答应我一件事情。”哥伦布小心翼翼地对巴罗尼先生说。

“哦，我知道了，是这本书吧？你拿回去慢慢看好了。”巴罗尼从书架上取下《东方见闻录》交给哥伦布。这本书的作者马可·波罗也是意大利人，但在哥伦布出生前大约 130 年就已经去世了。

背景知识

马可·波罗

马可·波罗1254年出生于意大利威尼斯的殷实之家，17岁的时候跟随的父亲尼可罗、叔父马非尔前往亚洲旅行。

他们此行的目的，是要试图打开可以跟中亚细亚和东亚细亚直接进行贸易的新路线，使在与热那亚强大竞争压力下处于劣势的威尼斯重新振作起来。对马可·波罗的父亲和叔父来说，这是他们的第二次亚洲之旅。

1270年从威尼斯出发的马可·波罗一行，越过高原和沙漠，到达了遥远的东方。他所经过的地方包括中国、缅甸、印度等国，行程达数万公里，后来还在蒙古皇帝忽必烈的朝中做官，经过26年后才重返威尼斯，回到威尼斯时已是1295年。

马可·波罗把多年来在亚洲搜集到的金银珠宝缝入衣服中带了回来，因此成了大富翁。他用这些钱买下了商船，从事大规模的对外贸易。然而，不幸的命运却在前面等着他。

盛行地方保护主义的意大利各城市经常为商业利益和政治权利而互相斗争。英国、法国、西班牙已纷纷实行中央集权制度，缔结成民族国家，而意大利却还停留在城邦政治阶段，贵族家族互相械斗，教皇派与皇帝派相争，贵族与平民相争，每个城邦都纷扰不安。

热那亚逐渐衰微，不再有往日的风光。

热那亚在中世纪时虽然比威尼斯起步要晚，但是在推广商业和发展海上霸权的成就上并不在威尼斯之下。

当时热那亚和威尼斯这两大贸易港由于商业上竞争的关系，形成了水火不相容的局面。双方为了保护自身的利益，分别派出了强大的舰队担任护航。地中海虽大，怎奈冤家路窄，大家见面分外眼红，为了抢夺财物、占领贸易优势，几十年来打打杀杀从未断过。

1298年，也就是马可·波罗从亚洲回来后的第三年，他在亚得里亚海的库尔佐拉岛外海卷入了一场海战之中。

敌对双方的阵容中，威尼斯拥有舰只九十五艘以上，热那亚则有八十艘左右，两支舰队相遇，立即展开激烈的战斗。在一场混战中，船只相撞，起火燃烧，许多水手从船上掉进大海里……

初起战况是威尼斯方面占了优势，但是随后风向转变，热那亚舰队乘机发动猛烈反攻。最后，威尼斯舰队惨遭失败，被俘者达数千人。马可·波罗也和其他俘虏一样，关进热那亚的监狱里。

马可·波罗在狱中结交了一位名叫罗斯梯谢奴的俘虏。这位擅长文学的难友听马可·波罗说起亚洲旅游的亲身经历，觉得非常有趣，于是动笔写成了文章，这就是著名的《东方见闻录》。

大约一年之后，马可·波罗出狱，返回威尼斯。

马可·波罗在世的时候，很多人讥笑他是“吹牛大王”，甚至连“马可·波罗”这个名字，也还被人当作“吹牛皮”的代名词来使用。但是，他这本《东方见闻录》是欧洲人写的第一本亚洲游记。当时，对亚洲懵然无知的欧洲人却不肯承认这

本书的价值。哥伦布的父亲把它斥为“杜撰的故事”，也是基于同样的心理。

哥伦布从一开始读这本书，就再也无法停下来了。他怀着异常兴奋的心情，完全沉醉于故事之中，觉得自己仿佛就是马可·波罗。

元世祖忽必烈

马可·波罗曾经在元朝当了十七年的官，游历了中国的许多地方，他所看到的庄严华丽的宫殿、辽阔无垠的国土、元朝的租税和法律制度、被用来支付军饷和进行物品买卖的纸币、大元帝国的庞大财富以及首都燕京的盛况等等，在他所著的《东方见闻录》中都有生动的描述。

书中，使哥伦布最感兴趣的是被马可·波罗称作“黄金之国”的中国。书中说：

> 位于亚洲大陆东方的这个国家，住着黄皮肤的人，他们很有礼貌，又有高度文明，物产也很丰富……那里有取之不尽的黄金，但是国王却禁止输出，而且因为该地民风很保守，东西交通又极为不便，所以西方的商人也没办法和他们来往。

那里的黄金真是多得不可胜数。统治者所住的宫殿屋顶上都用黄金装饰的，宫殿内的房间和道路铺着厚达4厘米的纯金板，窗户是黄金制成，玫瑰色的珍珠也出产得很多。人死了以后，要把珍珠含在嘴里埋葬。此外，那里宝石的产量也极其丰富。

读到这里，哥伦布心中有说不出的兴奋。他想："只要我能航行到中国，那里的黄金、珍珠和宝石岂不是唾手可得了吗？"

航海先驱恩利克王子

哥伦布对航海的憧憬比以前更加强烈了。他很想前往"黄金之国"——这个欧洲人未曾见过的地方去看个究竟。但是，有什么好办法可以使他如愿以偿呢？他可不愿意模仿马可·波罗，采取走陆地的方法。

有一次，哥伦布步出巴罗尼叔叔的商店，凝望着港口出神。他心想：我要当船员，只要上了船，说不定就有机会可以到中国呢！

少年哥伦布已经确定了自己将来应该走的人生之路。

在巴罗尼的商店里，哥伦布遇到了一位来自葡萄牙里斯本市名叫罗希里科的商人。他经常到热那亚采购商品，之后转运到北欧各大城市去推销。因为他知道巴罗尼的店里有亚洲的名贵纺织品，所以特地前来选购。

在闲谈中，罗希里科很得意地说："恩利克王子去世时，有些人还担心葡萄牙的探险事业会从此沉寂下来，但是事实上，欧洲第一的盛况仍未改变。那些卓越的舵手和船长们几乎每天都在重绘非洲西海岸的地图呢。"

15 世纪的葡萄牙

有关恩利克王子的事迹，哥伦布也曾经听人说过。这位喜欢探险的王子，是在五年前（1460）去世的。

葡萄牙位于欧洲大陆西南部状如拳头的伊比利亚半岛上，与非洲大陆的撒哈拉隔海相望。

这个濒临大西洋的沿海国家，航海业一直十分发达。不过，亚洲的产品还是要靠地中海的威尼斯或热那亚的商人来供应。

从亚洲各地由商队运来的各种各样的商品，一般都是汇聚到素有"文明十字路口"之誉的君士坦丁堡的市集来销售的。这个市集是在信仰穆罕默德的伊斯兰教教徒控制之下的。伊斯兰教和欧洲人所信仰的天主教是互相对立的宗教，所以他们和欧洲的商人不相往来。

但是，威尼斯和热那亚的商人却是例外。他们和伊斯兰教徒之间订有特别的协定，可以通过转手买到亚洲的商品。

欧洲人只好付出高昂的代价，向威尼斯和热那亚的商人购买商品，否则的话，亚洲的香料、珠宝、瓷器和布料都无法到手。

怀有淘金梦的探险队

如果想要得到价格低廉的商品，只要把自己的商船派到亚洲去直接进行贸易就行了。擅长航海的葡萄牙人一直在认真地考虑采取这个方法。他们认为，顺着非洲西海岸向南绕行，总可以找到通往印度洋的海峡。

哥伦布在有关历史和地理的书本里，也读到过古代探险队环绕非洲航行一圈的纪录。古埃及的尼柯奥王，据传在公元前600 年左右，曾经派遣一支由腓尼基人组成的探险队，自东而西绕过非洲大陆，历经 3 年之后又回到埃及。

又过了 100 年，加尔达哥的汉诺率领了 3 万名男女，沿着非洲西海岸由北而南行进，沿途留下了许多殖民地。汉诺此举虽未完成环绕地球一圈的理想，但他仍然相信大西洋和印度洋是一脉相通的。

“我们要以古代航海家为榜样，努力打开通往亚洲的航道。”

葡萄牙的航海先驱恩利克王子下定了决心之后，亲自修读了数学、天文学和地理学等课程，然后开办了一所航海学校，选拔了一批干练的海员入校受训。而在当时，人们对非洲西海岸的了解是非常有限的。

恩利克王子对船员们下达命令：“出海啦，伙伴们，冲过波札多尔海角前进吧！”他所指的海角位于现在的西属撒哈拉，距葡萄牙约有 1500 公里之遥。

恩利克王子

“哇！那个海角前面的海水是沸腾的，我们这一去，准是有去无回的了！”不管经验多么丰富的船员，只要一提到波札多尔海角的名字，总是谈虎色变。但是，恩利克王子不断地为船员们打气，希望能揭开波札多尔海角前方“黑暗之海”的真相。1434 年，埃阿尼斯船长驾驶的船终于通过了这个海角。

“沸腾的海并不存在。”埃阿尼斯的报道，鼓舞了葡萄牙的水手们。船长巴尔代亚和卡达莫斯等人也陆续跟进。

“总之，首先发现通往亚洲航道的荣誉，势必将由葡萄牙人获得；虽然没有人知道这事要等到多少年以后才能实现。你如果也想当一名成功的航海家，我劝你先接受一些基本训练，然后再到葡萄牙来。哈哈哈……”听到商人罗希里科这样说，哥伦布成为航海家的愿望越发强烈了。

背景知识

海洋霸主葡萄牙

葡萄牙位于伊比利亚半岛的西南部，地处欧洲大陆最西端，与北非隔海相望。土地面积9.2万平方公里，15世纪末其人口仅110万。11世纪前曾经先后被罗马人、阿拉伯人、摩尔人统治。1143年，教皇承认葡萄牙王国独立，它是欧洲最早实现民族统一和中央集权制的国家。1147年，阿方索一世夺取了摩尔人占领的伊比利亚半岛上最古老的城市之一——里斯本。

葡萄牙在立国初期就非常注重发展航海事业，将之称作国策，并用王权来保证实施。1375年，犹太裔制图专家贾·克雷斯奎父子在葡萄牙绘制出当时欧洲最完备也最准确的世界海图——加塔兰地图，成为葡萄牙航海者的指路明灯。

说到葡萄牙的航海发迹史就必须说到恩利克王子，即有“航海家”之称的恩利克亲王。堂·恩利克王子（1394—1460）是葡萄牙国王诺昂一世的三子，生于波尔图，他是葡萄牙航海者的精神教父、大航海时代初期葡萄牙航海事业积极的鼓动者和推进者。1415年，诺昂一世与恩利克王子率兵渡过直布罗陀海峡，攻占了北非摩洛哥的穆斯林重镇休达（今塞卜泰）。攻占休达对于葡萄牙的航海发展意义重大。休达扼守直布罗陀海峡的咽喉，战略位置极为重要，同时休达还成为葡萄牙沿非洲西海岸迈向东方的第一步。占领休达后，恩利克王子从穆斯林俘虏嘴里得到了阿拉伯人同非洲黑人贸易的重要情报。恩利克王子是个狂热的基督徒，一生都以同穆斯林作战为己任。当时欧洲流传着非洲有一个强大的信仰基督教的黑人王国——普莱斯特·约翰王国的传说。这个王国的名字在《大航海时代》系列中也出现过多次。恩利克王子对之深信不疑，一心要找到这个据说黄金满地、富得流油的普莱斯特·约翰王国。

1420 年前后，恩利克王子在萨格雷斯半岛建立了一座天文台和一所航海学校，为葡萄牙培养了大批熟练的航海者。1420 年，马德拉群岛被发现，此前被发现的加那利群岛则不得不让给西班牙。1431 年，亚速尔群岛被发现，成为大西洋航行的补给基地。1434 年，恩利克王子的远征船队首次越过西非的博哈多尔角。1445 年，贡萨尔维斯发现佛得角（葡萄牙语“绿色之岬”）群岛。同年，葡萄牙人开始闯入非洲。1448 年，恩利克王子在阿尔金建立了葡萄牙在西非的第一座堡垒，作为大规模掳掠的根据地。从非洲掠得的黄金、象牙、黑奴使葡萄牙人得以继续在摸索中向东方扩张。以后葡萄牙每进至一地，就建立起商站或据点，并用当地获得的收益来支持下一步的行动。航海家恩利克王子毕生从未参加过任何探险远航，他扮演的是葡萄牙这艘航船的领航员。到 1460 年恩利克王子去世时，葡萄牙的航海事业已经开始进入繁荣期。

1481 年，葡萄牙诺昂二世继承王位，他同时也继承了叔父恩利克的遗志，积极推进航海探险。1483 年，迪戈·卡奥带领远征船队到达刚果河口。1487 年 8 月，巴托罗梅乌·迪亚士奉命率船队离开里斯本，考察西非海岸。1488 年 6 月，迪亚士抵达非洲的最南端。由于那里的风暴极为强烈，迪亚士将这个大海角称为“托尔门托”，即“风暴角”。1488 年他返回里斯本向诺昂二世报告时，诺昂二世将之改名为“好望角”（大概是想到富饶的东方即将在眼前出现而喜不自禁吧）。

1495 年，曼努埃尔一世继位，恰逢哥伦布“发现”新大陆，葡萄牙立刻加紧策划前往印度的航行，达·伽马被选为远航指挥官。华斯科·达·伽马（1460—1524），葡萄牙贵族，出身军旅。1497 年 7 月 8 日，达·伽马率领由 4 艘船、约 170 名水手组成的船队由里斯本出发探索绕过“好望角”通往印度的航线。船队旗舰“圣·加布里尔”号，长 25.6 米，宽 8.5 米，排水量不过 300 吨。达·伽马没有沿非洲西海岸南下，船队首先到达佛得角群岛，然后朝南直驶南大西洋，航行了 3 个月后，再改向东，到达好望角。由此绕开了非洲西海岸对于南下极为不利的气候。在前人没有去过的陌生海域航行几个月是需要极大勇气的，达·伽马无疑是一个坚强有力的领导，但是人们对他人格的评价是“骄横跋扈，狂暴凶残”。11 月 22 日绕过好望角后，达·伽马船队进入了一片新天地。此后他向北沿非洲东海岸航行。1498 年 3 月 2 日，进入莫桑比克。4 月在马林迪，达·伽马得到了当地著名的阿拉伯领航员马吉德的帮助。在他的指引下，航行 23 天，穿过阿拉伯海，于 l498 年 5 月 20 日，离开葡萄牙近 10 个月后，达·伽马到达印度南部最著名的商业中心卡利卡特。在这里，达·伽马不是一个称职的外交官，他带来的粗劣的礼品和货物受到嘲笑。但依靠武力，他还是抢到了宝石和香料。返航时船队就不太幸运了，许多水手在途中死于疾病，其中包括达·伽马的弟弟。最后只剩下两条船，1499年7月10日，“贝里奥”号回到葡萄牙，达·伽马的旗舰则在1499年9月9日才抵达里斯本。生还的水手不到启航时的三分之一。但运回香料等货物在欧洲的获利是这次远征费用的60倍！

完成通往印度的航线后，1510年，葡萄牙任命的第二任“印度总督”阿尔布魁克带领葡萄牙的武装船舰占领了印度的果阿，建立起继续向东扩张的据点。次年又征服了马来西亚的马六甲，强占了这个中国明朝“敕封国”的领土，以这里作为入侵中国沿海的前哨。1515年，阿尔布魁克又攻占霍尔木兹，当年12月，阿尔布魁克死于果阿。至此，经过近百年的探险、屠杀、抢掠，葡萄牙横跨半个地球的东方殖民帝国终于建立起来。

努力成为一名水手

哥伦布变成了或动不动就望着大海出神，或者埋首苦读地理学和天文学的少年。“航海的心愿，光是凭想象是绝不可能达成的。为了实现这个梦想，我只有拼命用功了。”哥伦布常常这样想。

当时欧洲的地理学和天文学正处于强大的天主教势力压制

之下。天主教的教会当局认为地球的中心是在耶稣基督诞生地——以色列。地球中心说认为地球位居宇宙中心，本身并不动，是太阳在绕着地球转动。

指南针

但是，一些长期致力于数学和天文学研究的阿拉伯人和伊斯兰教学者已经测定出了纬度，计算出了地球圆周的数值，并且将这方面的知识应用到航海上，利用指南针，自由自在地航行于印度洋和非洲海洋。

有了拉丁文阅读能力的哥伦布，根据书本上的知识，渐渐发觉欧洲的地理学者犯了一个错误。虽然古代希腊的科学家早就说过地球是圆的，但是天主教的教士们却不承认这种理论，硬说地球是平面的。

“爸爸，我想跟您商量一件事。”有一天晚上，哥伦布来到工作房，去找独自一个人留在那里工作的父亲。

“哦，哥伦布，有什么事情吗？看你一本正经的样子！让我猜猜看，你是想当船员，要我放你走，对不对？”多明尼科疼爱地看着儿子。

“咦，您怎么知道的？”哥伦布被父亲说出自己心里话，不禁吃了一惊。

多明尼科看着儿子说：“这点小事都看不出来，我还能当父亲吗？你的心事，只要看你的眼神就知道了。我年轻时，也是一直梦想着要当船员的。所以，你的心情我很了解，我绝不会反对的。”

“那您是答应了？”本来做好挨骂准备的哥伦布，听到父亲一下子就同意了他的要求，反而觉得很意外。

“对于在热那亚出生的男孩子来说，向往海洋是天经地义的事。一个人如果能够到海上去尽情发挥自己的力量，那该是多么痛快的事情啊！你如果真的想当船员，即使不辞而别，我也不会责备你。现在，你能来找我当面商量，我觉得很高兴。”父亲说着，脑海里回忆起自己年轻时的航海往事，关心地问：“哥伦布，我问你，上船的事是不是已经有了着落？”

哥伦布的航海梦

“是的，在街上开店铺的巴罗尼叔叔答应我，随时可以介绍我到热那亚舰队去。”

“好吧！不过，在舰队当水手，可不是轻松的事。要是碰上了敌人的舰队，打起仗来，随时都有丢掉性命的危险呢！”

“爸爸，我心意已定，绝不后悔。”哥伦布一心一意要出海，只要这个愿望能够实现，他当真觉得死而无憾。

多明尼科对哥伦布说：“哥伦布，有一件事情我必须提醒你。我们姓哥伦布的，并不是贵族，只不过是卑贱的织布工人而已。就算你参加了热那亚舰队，干得很好，也不可能被提升为舰长或司令官，而只能永远当一名水手，领取微薄的薪金。”

“这个我知道。”哥伦布认真地回答。

“不过我倒有一个好办法。你要是想真正出人头地，成为船长或司令官，将来一定要离开热那亚才行。你知道，热那亚舰队是地中海最强大的一支舰队，所以你在热那亚舰队学成了船员的基本技能后，应该转往别国的船上另谋发展。这样，你就可以凭借实力得到更好的职位了。”

“爸爸，您等着瞧吧，我一定要把哥伦布家族的名声发扬光大，绝不会终生做一个庸庸碌碌的水手。”哥伦布充满自信地说。

“对，希望你努力为之。”父亲拍着哥伦布的肩膀，勉励他。

哥伦布的家境虽然不是很富裕，不过，他的父亲仍然尽力资助他，让他去学校念书。因为哥伦布自幼就喜欢读书，乐于探求各种知识，父亲认为他是一个可造之才。

哥伦布进入学校后，对几何、地理、天文、航海、拉丁语等学科非常感兴趣，用心地攻读。可惜因为家境的关系，没过多久就休学了。

此后，他就靠自学来获得各方面知识，对于与航海有关的天文、地理、海洋、气象等方面的知识，更是锲而不舍地用心钻研。

他的境遇和许多的伟大人物相似，由于出身贫寒，他养成了坚忍不拔的性格和刻苦耐劳的精神。

他在休学后不久，14 岁那年，就开始从热那亚外出航

哥伦布早年的海上生涯

海了。

哥伦布首次乘船驶离热那亚港时，心里真是莫名地兴奋！当时的老船长名叫科伦堡，是哥伦布的远亲，对哥伦布照顾得无微不至。科伦堡是商船的船长，也是热那亚港的海军军官。经常率领舰队袭击威尼斯、葡萄牙等敌国的商船，有时候，也被敌方偷袭而进行激烈的海战。

在航海途中，这位刚毅的航海家常常利用空闲的时间，向哥伦布叙述种种有关航海方面的事情。“哥伦布，你要知道，意大利不是一个统一的国家，各个城市和港口在政治上互相对立，彼此都在争取对外的通商贸易。我们热那亚市虽然不大，但却是个独立的国家。和平时代可以跟其他国家进行商贸，一旦发生战争，船被炮火轰沉，死伤无数，情况相当惨烈！即使没有发生战争，只要发现对方的商船满载货物，就要偷袭，把货物抢来占为己有。说起来，这种行为固然是蛮横无理，可是，你不这么做就会吃亏的。因为，你不抢他，他就抢你，这是迫不得已！”

年幼的哥伦布听了这些话，一腔热血不禁沸腾起来。在海上航行的生活，大约持续了十年之久。这期间，哥伦布不仅学习到不少航海知识，也磨炼出了不屈不挠的海员精神。

在哥伦布成为热那亚海军的一员之后，哥伦布的弟弟巴索罗缪也改了行，去学习专门绘制海图的手艺。

这件事情后来对哥伦布的事业起到了意想不到的影响和帮助。“巴索罗缪这孩子擅长手艺，让他去做绘制海图的工作，比让他乘船航海更适合。好好干吧，不要输给哥伦布大哥！”父亲多明尼科对巴索罗缪的选择也同样表示支持。

背景知识

航　海

航海，是人类在海上航行，跨越海洋，由一方陆地去到另一方陆地的活动。从前，航海是一种冒险行为，因为人类的地理知识有限，大海对面的另一方陆地是不可知的世界。

人类在新石器时代晚期就已有航海活动。当时中国制造的一些物品在大洋洲以至厄瓜多尔等地考古发掘中均有发现。公元前 4 世纪希腊航海家皮忒阿斯驾船从今天的马赛出发，由海上到达易北河口，成为西方最早的海上远航。公元前 490 年，在波斯与希腊的海战中，希腊就曾以上百英尺长的战舰参战。

中国汉代已远航至印度。唐代为扩大海外贸易，开辟了海上丝绸之路，船舶远航到亚丁湾附近。在当时的科学技术条件下，航海是靠山形水势及地物为导航标志，属地文航海；而以星辰日月为引航标志的，则属天文航海技术的一种。指南针是中国历史上的一大发明，宋代将其应用到航海上，解决了海上航行的定向问题，也开创了仪器导航的先河。现代船上使用的磁罗经，是12世纪船用磁罗经传入欧洲后，由英国人开尔文改进了的军用磁罗经。助航设施灯塔很早就已使用，公元前280年在埃及亚历山大港建造了高60多米的灯塔，1732年英国在泰晤士河口设置了灯塔，1767年在美洲特拉华设立了浮标。

公元15世纪是东西方航海事业大发展时期。公元1405至1433年，中国航海家郑和率船队七下西洋，历经30多个国家和地区，远航至非洲东岸的索马里和肯尼亚一带，成为中国航海史上的创举。1420年葡萄牙创办了航海学校，船长迪亚士在1487年航海到非洲最南端，命名该地为好望角。1497年达·伽马率船队从里斯本出发绕好望角到印度。此后葡萄牙人又到达中国、日本。1492年10月意大利航海家哥伦布发现了美洲大陆。公元1499至1500年，意大利航海家亚美利哥两次登上美洲大陆考察，证实这片陆地是一片新发现的陆地，而不是哥伦布当年认为的印度岛屿，故命名新大陆为亚美利加洲，简称美洲。16世纪始，航海技术迅速发展。1569年荷兰地理学家墨卡托发明的投影成为现代海图绘制的基础。进入20世纪后，现代航海技术取得重大成就，60年代出现奥米加导航系统，随后又出现并应用了卫星导航系统、自动标绘雷达技术等。

航海要求船舶迅速而安全地行驶，在现代条件下，需采用现代导航设备，了解国际水运法规，世界各国海上交通管理制度。为保证人身、船舶、货物和海洋环境的安全，船舶上还需设置救生、防火、防污染设备和航海仪表及通信设备等。

新航道

东方通往西方的道路原来有三条：一条陆路，由中亚沿里海、黑海到达小亚细亚；两条海路，即由海路入波斯湾，然后经两河流域到地中海东岸叙利亚一带；或先由海路至红海，然后由陆路到埃及亚历山大港。15世纪中叶奥斯曼帝国兴起后，占领了巴尔干半岛和小亚细亚地区，不久又占领了克里米亚，控制了东西方之间的传统商路，对往来于地中海区域的欧洲各国商人横征暴敛，百般刁难。因此，运抵欧洲的商品，数量少且价格高，而欧洲上层社会把亚洲奢侈品看作生活必需，不惜高价购买，这种贸易顺差使西欧大量黄金外流，这迫使西欧各国纷纷采取行动，企图另辟蹊径寻找一条绕过地中海通达东方的新航道。

古印度金币

弘扬、传播基督福音和文艺复兴时期的人文主义思潮是新航道开辟的宗教根源和思想根源。弘扬和传播基督福音于全世界，是西欧国家支持哥伦布西航“前往中国”的重要原因。哥伦布本人也是个狂热的督基教徒，他自认为“他所做的一切都是上帝安排的”。他在探寻新航道的始终，都渗透着浓厚的宗教情绪。当时社会盛行的人文主义思潮，激励了西欧人的进取精神，鼓励他们向海外传播和扩大基督教影响，勇于开拓进取去挑战并征服自然，大胆地追求财富并实现个人价值，特别是探寻新航道和从事冒险事业。

开展大规模的航海探险活动必须要有一定的物质条件为支撑。欧洲生产力的发展、科学技术的进步和皇室的支持，令新航道开辟的主客观条件已经具备。中国发明的罗盘针，经阿拉伯人西传后于14世纪时在欧洲普遍使用，使航行不致迷失方向。欧洲的造船技术当时有了很大进步，出现了新型的多桅多帆、轻便快速的大船。此外，当时欧洲开始流行地圆学说，绘制地图的技术也很先进。所有这些，都构成了开辟新航道的客观条件。同时开辟新航道的主观条件也已经具备。15世纪末，西班牙和葡萄牙都已经完成政治上的统一和中央集权的过程，专制王朝和社会各阶层都渴望开辟新航道。政府为了发展贸易、改善经济状况和扩大版图，大力支持开辟新航道的活动，不少封建贵族也成为探险者。

漂流到葡萄牙

公元1476年，哥伦布已经25岁了，他在热那亚海军做了十多年的水手，丰富的航海经验，再加上渊博的天文、地理等方面的知识，使他终于在法国舰队中担任船长，开始崭露头角。

在1476年8月末的一天，他的船驶离地中海的直布罗陀海峡，和3艘友船静静地向前航行。

夕阳西下，彩霞满天，船上的风帆被映成绚丽的玫瑰色。哥伦布身披大氅，站在甲板上眺望远处。

年轻的哥伦布

这时候，一位身材高大、满脸胡须的部下走过来报告说："对方确实是7艘军舰，他们是从法兰德斯（过去是欧洲的一个国家，现在分属比利时、法国、荷兰）装载了货物，正准备返航，我们要不要来个偷袭？"

"当然！"哥伦布果断地说。

“可是，我们只有 4 艘……”部下担心地说。

“不在数量的多寡，要知道，我们的火力比他们强，士兵们也都勇猛善战，怕什么?”哥伦布打断了他的话。

当时的商船全都装备着大炮等武器，水手就是战士，换句话说，那是商船兼战舰，也是众所周知的贼船，公然地在海上掠夺敌方的财货。

哥伦布继续说道：“这 7 艘威尼斯军舰从法兰德斯开出的日子算起，大约还要六七天以后才能到达里斯本（葡萄牙首都），埋伏在港外等着他，以逸待劳，如此必能一举成功!”

哥伦布率领的船队原先计划要驶往北海方面通商贸易，如今得改变行程了。从事贸易的任务转变为掠夺行为，他们准备在里斯本港外布下陷阱，等待猎物的到来。

威尼斯的 7 艘船毫无察觉，由于船上满载货物，所以航行缓慢，较预计的时间晚了好几天才驶近哥伦布埋伏的地方。

当时的船只都是靠风力行驶的帆船，水手们必须注意风向以操作布帆，向前推进。一旦出现袭击的船，就得马上把握有利于本船行动的风向，使敌船陷于我方的掌握中。

天色微明，东方略略显出一点鱼肚白，哥伦布站在船头，隐隐可以看到葡萄牙的海岸线，他不由地兴奋起来。这时候，除了海风吹动帆篷以及浪涛冲击船身的声音外，四周是一片沉寂。谁会想到，将有一场激烈的战斗在这片宁静的海上发生。

哥伦布注视着四周，然后命令部下以旗语通知各友船做好战斗准备。

这时候，朝霞初上，在海面上映射出耀眼的光芒。3 艘友船都忙碌着做各项战斗准备，随时待命，发动攻击。

桅杆上的瞭望人员目不转睛地注视远方。突然间，只听得他大声地呼叫："看到敌方的船了！"

果然，从瞭望人所指的方向看去，在接近陆地的海面上，有一艘大帆船，扯满了大小帆篷正缓缓地驶近。

接着，一艘跟着一艘，全都靠近陆地，向南方驶去。

"发炮！"哥伦布下达了攻击命令。

哥伦布命令水手们全速前进，企图迎头拦截，船帆灌满了风，迅速地来了一个大转弯，飞快地向敌船驶去。

威尼斯船根本没有料到这一场突袭，一时惊慌失措，船身连着挨了几发炮弹，赶紧扯满风帆，企图向港湾那边逃跑。

哥伦布所率的4艘军舰怎肯放过这个机会，也都扬帆全速紧追。由于对方的船只满载货物，吃水很深，在行动上当然不及哥伦布的船只轻捷、快速，所以，没有多久就被哥伦布他们的船追上了。

中世纪海战图

敌船在惊恐之余一边逃命，一边胡乱发射还击，怎奈慌乱中根本无法命中目标。

哥伦布手握长剑站在甲板上指挥作战，有几艘敌船已经着火燃烧，顿时海上浓烟笼罩，火舌四蹿，已难分敌我了。

这时候，哥伦布自己的船正接近一艘敌船，哥伦布下令把两头有钩的铁链抛过去，把敌船钩住、拉近。

哥伦布首先挥舞长剑跃上了敌船，勇猛的部下纷纷跟进，喊杀之声不绝于耳。甲板上鲜血四溅，死伤累累。

正在混战厮杀得难分难解时，突然这艘船的布帆被邻船飞来的火苗点燃，刹那间整个甲板上浓烟弥漫，呛得人连呼吸都有困难，烈焰几乎要把皮肤烤焦。

不管是敌是友，谁都无心战斗了，还是逃命要紧，于是一个个跳进大海。

哥伦布看如此情势，也只得跳海逃生。当他跃入大海，正准备泅水逃离时，忽听“轰”的一声巨响，原来是船上的火药库爆炸，船身被炸得支离破碎。更不巧的是，从船上飞来一块木板，恰好击中他的左脚。

“哎唷!”哥伦布的脚感到一阵剧痛，他已经没有办法游泳了。

“我不能死在这里。”哥伦布对自己说。

坚强不屈的求生信念使他鼓起余力向前慢慢游去。天无绝人之路，他总算抓住一块大木板，他欣喜地紧紧抱住木板，接着就渐渐地失去了知觉，任凭木板在大海上沉浮。

不知道究竟在海上漂流了多久，当他醒来时，发现自己躺在一处陌生的海滩上，天空中有海鸥翱翔，和煦的海风使他脑子渐渐清醒过来。

“我居然还活着，只是不知道这是什么地方?”哥伦布勉强挣扎着爬起来，蹒跚地向岸边走去。

幸运的是，走不多远就有一户打鱼的人家，哥伦布走上前去敲门，问道："我可以进去歇一会儿吗?"

"可以，可以，你是出了什么事吗?"一位看上去很和善的老渔夫一面吩咐老伴儿端出食物待客，一面问他。

哥伦布回答道："我是从圣文生角外海冲到这儿来的。"

"哦，你的运气可真不错！来，快喝点热的，休息休息。"老人把哥伦布让进屋。

"请问老伯，这是什么地方?"哥伦布边喝水边问。

"是葡萄牙，这儿离里斯本不是很远。"老人和蔼地回答。

里斯本是葡萄牙的首都，港口里有很多的外国船只出入。因此，许多优秀的船员都聚集在那里。

"那太好了！葡萄牙正是我向往的国家，感谢上苍把我带到这里来。"哥伦布情不自禁激动地说。

心地善良的老渔夫安慰他说："你脚上受了伤，行动不便，不妨先住在我这里休养几天。"

哥伦布的西行梦想

"谢谢老伯，您的好意我感激不尽!"哥伦布连声道谢。

哥伦布在养伤的这段时间里，经常凭窗远眺，望着那无垠的蓝天碧海，怔怔地出神。他脑海里不断地浮现那本百读不厌的《东方见闻录》中描述的一切。

啊！神秘的东方、谜一样的黄金国……有一天，真能到达那个地方，该有多好！

他自从少年时代起，心中就已蕴藏着这么一个愿望。他的整个心，被这美丽的幻象所吸引，他忘掉了伤痛，沉浸在美妙的梦幻中。

他对于目前这种生活并不满足，他的志向是航向更广阔、更遥远的亚洲去。

经过几天的调养，哥伦布脚上的伤基本痊愈，于是他告别了老渔夫，独自向里斯本出发了。

几天之后，一个拄着拐杖的年轻人出现在里斯本的码头上，他就是死里逃生的哥伦布。

他走路时仍有点不方便，衣衫破旧。但由于他身材高大、体格健硕，看起来气色很好，而且精神饱满。

里斯本不愧为一个大商埠，港湾里异常热闹，大小船只桅杆林立，岸边装货、卸货的人们忙个不停。

岸上有形形色色的人穿梭来往。有黝黑的皮肤、厚厚的嘴唇、头上顶着货物的非洲土著人；也有衣着华丽、身佩短剑、蓄了一撮短须的高贵绅士；更有一些身上散发出东方神秘香料气味的漂亮淑女……这些都是哥伦布在热那亚从未见过的。

哥伦布在岸旁的一块石头上坐了下来，以好奇的眼光浏览码头上的景色。卸货工人的吭唷声、满载货物的车轮转动声、马匹嘶叫声，交织成一幅生动的图画。

哥伦布正看得出神，突然有一位年老的水手模样的人站在他面前，盯着他微笑。

哥伦布也向他微笑答礼，并请他在自己的身旁坐下。

“我看你这个年轻人，是从别的地方来的吧!”老水手慈祥地问道。

“是的，老伯。”哥伦布礼貌地回答。

恩利克王子纪念币

“这儿很热闹是不是？十多年前的‘王子’精神，仍然存在着。”老人自言自语般地说着。

“老伯，您所说的王子是……”哥伦布好奇地问。

“你这个外国人也许还不知道，我所说的王子是现在的葡萄牙国王的叔父，他非常热衷于航海，因此人们给他起了个外号叫‘航海王子’。”老人回答哥伦布。

哥伦布对致力于寻求新航运的“航海王子”恩利克的传说早有所闻。由于恩利克不止一次地派出探险船，因此非洲西海岸的情形才渐渐地为世人所知。恩利克王子虽然在十多年前去世，不过他的未竟事业已由新国王继承下来。

“是不是那位恩利克王子?”老水手听到哥伦布这么一问，顿时笑眯了双眼，连连点头说：“想不到，你这位年轻人竟然知道我们王子的名字！不错，就是恩利克王子。”

当时的船员经常往来于各地的港口，对于各地的语言都能通晓一二，虽然带着浓重的乡音，但却能充分表达心意，因此交谈起来，还不至于太困难。

当时，苏伊士运河还没有开通，意大利的商人在土耳其的君士坦丁堡和黑海海滨设立了贸易市场，独占着与东方的贸易，他们把东方的珍奇物品贩运到欧洲出售，获得极大的利润，使得别的国家既羡慕又嫉妒。

那位老水手滔滔不绝地继续说下去：“恩利克王子希望把意大利商人独占的东方贸易夺取过来，经过一番研究，听说可以从非洲找出一条新航道。因此，一再派遣探险船队去调查非洲西海岸的情况，同时，也希望发现一些新岛屿。

背景知识

欧洲人的航海历程

15 世纪，欧洲人对世界的认识还仅限于欧洲、地中海、北非海岸、中东、印度、中国和日本。尽管对于中国和日本认识的唯一依据只有一本《马可·波罗游记》，但对于“黄金之国”的说法，欧洲人还是深信不疑的。毕竟丝绸、香料等奢侈品是客观存在的。但这些令西欧人垂涎欲滴的商品的交易权却被控制在穆斯林教徒的手中。所有东方的商品从海路或丝绸之路运到东地中海，再由控制地中海贸易权的意大利诸国转卖到西南欧洲各国。但西欧各国商人不希望用这么高价去买这些在数量上微不足道的东西。于是葡萄牙、西班牙、法国和英国的商人希望能够打破意大利商人的专利权。他们非常渴望能和东方地区直接贸易，但奥斯曼帝国的存在，使实现直接贸易的途径只能是开拓一条通往东方的新航线。

一、伊比利亚时期

其他欧洲人参加十字军远征也许是凭一时高兴，但伊比利亚人则不同。相对于西欧其他国家，伊比利亚人则认为，进行反穆斯林的斗争是不可动摇的、必须履行的责任，是宗教义务和国家利益的结合。伊比利亚半岛大部分地区曾处于穆斯林统治之下，到 15 世纪，南部的格拉纳达仍是穆斯林的据点。

葡萄牙恩利克王子促使葡萄牙成为这一行动的急先锋。恩利克王子虔诚地相信非洲有一个信奉天主教的帝国——普莱斯特·约翰王国，并且和这个王国的国王签订共同攻打北非摩尔人的盟约。恩利克甚至为此建立了一间海军学校和一座天文台。1415 年，葡萄牙占领北非的穆斯林据点休达，成为葡萄牙航海史上具有划时代意义的大事件。从此，葡萄牙的船队得以自由地出入欧洲和西南非洲。恩利克王子的远征船队开始非洲西北部的探索，陆续发现加那利群岛、马德拉群岛、亚速尔群岛及位于非洲和巴西之间的佛得角及佛得角群岛。

1488 年，迪亚士发现好望角。这极大增强了葡萄牙人对航海的信心，他们确信“如果我们从他们（摩尔人）那里夺取马六甲的贸易，开罗和麦加将会彻底毁灭，威尼斯将得不到香料，除非他们的商人到葡萄牙去购买”。1498 年，达·伽马到达印度卡利卡特，开辟了印度航路。1510 年，葡萄牙占领印度的果阿，全面开始了对印度的殖民贸易。公元 1519 年至 1522 年，麦哲伦舰队环球航行完成。麦哲伦本人虽在航行中死于与菲律宾土人的冲突，但葡萄牙却开始了在香料群岛及马来地区的殖民统治。尽管亚洲的葡萄牙帝国就其实际范围而言是微不足道的，它仅包括少数岛屿和沿海据点。但是，这些属地据有重要的战略地位，使葡萄牙人控制了跨越半个地球的商船航线。其间，葡萄牙人还占领了南美的巴西（曾一度被荷兰夺取，旋又夺回），葡萄牙人世界帝国的梦想一度实现了。

必须说明的是，在达·伽马远航之后，阿拉伯人和意大利人并没有被逐出贸易领域，整个16世纪中，他们始终在与葡萄牙人竞争。直到下一世纪印度洋上出现更能干、经济上更强大的荷兰人、法国人和英国人时，老资格的意大利中间人和阿拉伯中间人才被排挤掉，传统的中东商队路线才因外洋航线而黯然失色。不过意大利人并未因此而完全退出远东商品的贸易，因为他们成功地贿赂了葡萄牙商人。

与葡萄牙同处伊比利亚半岛的西班牙人虽稍晚于葡萄牙人开始航海活动，但仍然取得了辉煌的成就，甚至吞并葡萄牙，成为世界殖民帝国。1415年葡萄牙占领休达，大大刺激了西班牙人，他们首先夺回格林纳达，以确保伊比利亚半岛的完全基督化。但在航线问题上，由于葡萄牙人已完全控制了由非洲南下的航线，因此西班牙人只能向西横跨大西洋，寻找一条全新的航线。为此西班牙人首先从葡萄牙手中夺取拉斯帕马斯群岛，1492年，哥伦布发现新大陆，成了航海史上的壮举。尽管同葡萄牙人在印度和亚洲的所取得的成就相比显得微不足道，但毕竟使西班牙人成了新大陆的主人。哥伦布和达·伽马的发现引起了关于新发现地区的专有权问题。为了解决葡西两国在全世界的殖民冲突，在教皇的调节下，1494年，两国签订了瓜分世界的《托尔德西里亚条约》，西班牙获得了西印度群岛和新大陆，葡萄牙则确立了在印度的东亚的统治权（包括巴西）。

二、荷兰、法国和英国的崛起及斗争

面对伊比利亚尤其是西班牙世界殖民帝国的形成，相比之下工业化的荷、法、英三国当然不会坐视不理。不仅三国的商船队迅速渗透到西、葡两国的殖民领域。与西、葡两国殖民冒险精神不同的是，三国还更多地采取了海盗行为——即以掠私舰队的手段夺取西、葡两国商船队的办法使自己迅速致富。1556年，法国的勒克莱尔船长（“独腿航海者”）以10艘船进攻哈瓦那，洗劫了这座城市，并彻底毁坏了港内所有的船舶，是掠私活动破坏性最大的一次。

对于教皇调节下形成的《托尔德西里亚条约》，荷、法、英三国并不放在眼里。为此，英国人论证说：“尚未实际占有的权利不起作用。”也就是说，领土要求只有在业已有效占据的地区才会得到尊重。同样，法国人也坚决认为“在西班牙国王未曾占有的地带，他们（法国人）不该受到干扰，他们在海上航行时亦如此，他们也不会同意被剥夺海洋或天空”。事实上，法国路易十四的首相黎塞留更是欧洲第一个公开宣布教会只为法兰西国家利益服务的人。1581年原尼德兰北部地区宣布独立，荷兰诞生。英法决定援助荷兰，西班牙对三国开战，战事漫延开来，不仅在海上开战，也在陆上开战。西班牙国王的愚蠢决定，使得庞大的帝国开始摇摇欲坠。1588年西班牙无敌舰队的覆灭，标志着西班牙帝国走向衰落，英、法、荷三国的东印度公司于17世纪初分别成立，开始在世界上建立自己的殖民帝国。

这一行动，新兴的荷兰走在了最前面。首先荷兰人从葡萄牙人手中夺取了好望角和香料群岛。继而开始在全世界范围内的贸易行动，一时“海上马车夫”遍及全球。17世纪初，荷兰的商船队拥有16000余艘船只，占欧洲商船总吨位的四分之三。面对荷兰的崛起，英法两国再度联手。1652至1674年间的三次英荷战争，使荷兰人失去了马六甲、好望角及南非的殖民地，仅保留住了摩鹿加群岛，还从南美获得了苏里南。但荷兰人的海上霸权地位一去不复返。

英荷战争以后，欧洲殖民大国就只有英法两国了。英国于英荷战争后，取得了荷兰的大量贸易权，在海上取得了优势，英国成为世界级的商业和海军强国，同时开始把它的殖民触角伸向法国的殖民地。法国则是欧洲大陆上最强大的国家，也是一个新兴的海洋国家。法王路易十四十分重视海军建设，到1689年，法国舰队的数量相当于英国和荷兰舰队的总和。同时，法国殖民势力也迅速扩大。在北美，法国占领了加拿大及路易斯安娜；在亚洲，法国占领了印度南部。英法的殖民利益已在全世界范围内产生不可调和的矛盾。英国与法国是传统的敌对国家，历史上就曾为了征服对方，进行过长期的战争。17世纪中期之前，这个矛盾被英西矛盾和英荷矛盾所掩盖。

从17世纪后期开始一直到19世纪初，英法两国为争夺海上霸权进行了一百多年的曲折斗争，主要经历了英格兰王位继承战争、三十年战争、奥地利王位继承战争、七年战争等。战争的结果，法国失去了在新大陆和印度几乎所有的殖民地。英国则成了真正的海上霸主——日不落帝国。法国遭到了甚至比荷兰在17世纪、西班牙在16世纪所蒙受的更为耻辱、更为彻底的失败。西班牙和荷兰虽然威信扫地，但各自仍保有大量殖民地——西班牙殖民地在美洲和菲律宾群岛，荷兰殖民地在东印度群岛，而法国则被剥夺了其几乎所有的海外殖民地。

法国在19世纪重新建立起一个仅次于英属殖民帝国的新的殖民体系。但是，对世界历史而言，重要的事实是法国在18世纪丢失了北美洲和印度。这意味着墨西哥以北以后发展成为以英语为主要官方语言的美洲国家。这对未来世界格局的影响几乎是无限深远的，因为即使在今天，这一影响仍然发生着作用。

“为了这件事，王子不知耗费了多少心血和钱财。不幸的是，愿望还没有达成就含恨而终了！”老人遗憾地说。“现今的国王继承了恩利克王子的遗志，继续开辟这条新航道，所以，很多的船员以及怀着淘金梦的人们纷纷到里斯本来，希望能有机会参加这支探险队，里斯本也就因此热闹起来了。”

老水手咽了一口唾沫，又继续发表他的宏论：“以前有一个传说，说从我们这里到遥远的西方海上，有一座高山耸立的岛屿，有时候很明显地显现，有时候却又看不见。国王知道了以后，立刻派出探险船，却连影子都没有找到，你说奇怪不奇怪？”

哥伦布画像

老水手讲得吐沫横飞，兴奋异常，哥伦布却在一旁静静地思索。心想：西方海上有一个大的岛屿……是西方的新陆地也说不定……假如我们一直向西航行，将会有什么发现呢?

具有丰富想象力的哥伦布，对于身旁的喧闹、嘈杂根本充耳不闻，他的视线一直凝望着大西洋水平线的那一端，一颗心早就飞到遥远的西方去了。

当他的思绪回到现实中时，那位老水手早已不知去向了。

背景知识

黄 金

15 世纪以后，随着封建经济的急速发展，商品货币关系开始从内部侵蚀封建自然经济的基础，瓦解封建制度，催生资本主义萌芽。西欧货币已经由银本位制过渡到金本位制。黄金、白银同是欧洲各国间国际贸易的支付手段，地位很高。因而人们认为占有金银就占有一切，黄金能为灵魂开辟通往天堂的道路。因此，西欧社会各阶层，尤其是商人和资产阶级，非常热

黄 金

衷于追求金银财富，然而欧洲大陆所产金银有限，于是他们把注意力转到了东方。

当时欧洲流传很广的一部书就是《东方见闻录》，又名《马可·波罗行纪》《马可·波罗游记》，是马可·波罗口述，作家鲁恩蒂谦用法语记录的马可·波罗二十多年在东方各国的经历和见闻。该书对印度、南洋和中国的财富做了一些夸张描述，进一步激发了欧洲人到东方寻金的热情。

恩格斯曾深刻地指出："黄金一词是驱使西班牙人横渡大西洋到美洲去的咒语，黄金是白人刚踏上一个新发现的海岸时所要的第一件东西。"可见，新航道的开辟是资本主义进一步发展的需要，欧洲人对黄金的贪婪追求，从本质上反映了资本主义对于掠夺财富和加速资本原始积累的迫切需求。

第二篇　伟大的航海梦想

我必须再回到海上，到那孤寂的海天之间……因为潮水奔腾的那种强烈的夜行的呼唤，委实叫人无法抗拒。

——哥伦布

和莫妮兹喜结良缘

“你是哥伦布吗?”里斯本街上，忽然有人喊哥伦布的名字。哥伦布惊奇地回头一看，从一家店铺里迎面跑出来的，正是热那亚认识的地图行老板。“真是太意外了！我做梦也没有想到会在人地生疏的里斯本碰到熟人。”哥伦布对地图行老板说。

“哥伦布，你又是被什么风吹来的？听说你在法国舰队当了船长。”地图行老板热情地对着哥伦布说。

哥伦布把自己的经历详细告诉了地图行的老板。因为哥伦布在里斯本没有其他的熟人，所以决定留在地图行老板家里帮他做事。对地图行老板来说，有哥伦布这样一位航海专家在店里帮忙，真是得力不少。

里斯本的地图行生意十分兴隆。从地中海开往北欧方向的船只必定要路过里斯本，很多人都要顺便买张航海图回去。

“我就是看中了这一点，才到里斯本来开店的。生意实在太好了，简直供不应求呢！克里斯托夫，我记得你的弟弟也是一位绘制海图的能手。不妨请他也到这里来，大家一起合作发展事业。”地图行老板热情地给哥伦布建议。

听老板这么一说，哥伦布立刻写了一封信给热那亚的弟弟巴索罗缪，把老板的意思告诉他。

巴索罗缪要花上大约一个月的时间才能到达里斯本。哥伦布就利用这段时间坐船去了一趟北欧，同时还忙着调查非洲西海岸的海洋情况，访问那些从非洲西海岸航海归来的船员，听

葡萄牙首都里斯本

取他们在那里的所见所闻。

现在他心中的疑问化解了一部分，但是关于赤道以南的情形，对他来说还是未知数。

“葡萄牙的探险船究竟要到什么时候才能发现通往印度的航道？假如不绕过非洲，而经由大西洋向西航行，是否可能到达印度?”哥伦布的心中，开始有了这样一种想法。“大哥!”一天，弟弟巴索罗缪终于来到了里斯本。“哦，你来了。家里的人都好吗?”哥伦布亲切地看着弟弟。“嗯，大家都很平安。”巴索罗缪安慰大哥。“好极了!”哥伦布高兴地看着弟弟。“大哥，我带来了一件礼物。”巴索罗缪说着，摊开了手中的一张地图。“这不是杜斯卡内里的地图吗?”哥伦布边看边问。

对哥伦布来说，再也没有比这更有价值的礼物了。杜斯卡内里是意大利数一数二的地理学家，他赞同古代希腊学者普托列迈奥斯的学说，认为地球是圆的。同时，他还根据这种理论，绘制了一份完整的地图。

可惜的是，这份地图一直在一家图书馆里被束之高阁，无人问津。

“谢谢你，巴索罗缪，你想得真周到。葡萄牙的航海家们一直以为只有东回（绕过非洲）的航道才可以通往印度，可是，在杜斯卡内里的地图上，却证明了我自己的想法。”

哥伦布的计划，是要做一次“西回印度航道”的探险。但是，这是一项大事业，若是没有国家财力的支持是不可能实现的。

信奉基督教的哥伦布，每逢周日必到里斯本的教堂做礼拜。他在教堂里结识了一位美丽的金发姑娘，名字叫作费丽芭·莫妮兹。

“先父在生前也非常喜爱航海呢。”莫妮兹微笑着说。

莫妮兹的画像

莫妮兹的父亲，是意大利的一名骑士，不久前刚去世。他生前曾是恩利克王子手下的一名航海家，也曾担任葡属波德·珊特岛（位于里斯本以西的马狄拉群岛）的总督。在航海生活中练就强健体魄的哥伦布，使莫妮兹产生一种熟悉的亲切感。

哥伦布和莫妮兹由相识到相爱，并在1479年的夏天举行了结婚典礼。

哥伦布画像

由于莫妮兹没有得到亡父的任何遗产，所以他们生活得很清苦，小两口和岳母一同住在一间很简陋的屋子里。

岳母很赏识这位女婿，知道他热心于航海探险，因此经常讲一些亡夫以前的航海经验和探险事迹给他听。亡夫留下来的海图、航海日志以及各项记录等也一并送给了哥伦布。这些资料对哥伦布日后的帮助甚大。

哥伦布因为和莫妮兹结了婚而取得了葡萄牙国籍，终于能够参加葡萄牙人的船队到非洲西海岸的几内亚参加航海探险。

平时，哥伦布靠着绘制海图维持生活，收入虽然不错，但他们的生活依然很俭朴，因为他经常要寄钱回热那亚赡养自己的老父，同时还要培养两个弟弟。直到他们迁居到波德·珊特岛以后，莫妮兹继承了父亲的遗产，他们的经济情况才宽裕了一点。

背景知识

里斯本

里斯本的全盛时代为15世纪的“地理大发现”时期，曾是全世界最繁荣的经贸中心，而且里斯本也是历史上最重要的航海中心，它曾经的辉煌富庶超乎想象。

里斯本市本身人口约60万，加上周围城市的人口共计约210万，是全国政治、经济中心，位于欧洲大陆的最西边，与拉丁美洲、西非及地中海等地区的交易非常频繁。它保存了固有的传统，持续修复翻新具有历史性的建筑和雕塑，中世纪的街景至今依然留存，1255年里斯本成为葡萄牙首都。1974年，莫桑比克和安哥拉独立时，许多难民逃至此地，现今里斯本街头仍随处可见不同肤色的人种，如非洲人、亚洲人、欧洲人。

400多年前，里斯本是世界上最强大帝国的中心。15世纪末是葡萄牙与里斯本最繁荣兴盛的时期，葡萄牙航海探险家们的足迹遍及亚洲、非洲及南美洲。不过由于政治环境的衰败，近几世纪葡萄牙已逐渐淡出国际舞台。

1755年11月1日里斯本发生大地震，接近五分之一的人丧生，三分之二的城市被摧毁，曾经的辉煌毁于一旦。不过坚强的里斯本人民并没有屈服，他们重建了全新的天主教造像的广场及教堂等建筑，赋予里斯本另一番新的风貌。

不断求证“地圆说”

哥伦布结婚以后，迁居到波德·珊特岛的这段日子，生活得平静、愉快，他的第一个孩子就是在这里出生的，哥伦布给这个孩子取了一个和自己最小的弟弟相同的名字——狄亚哥，那年哥伦布30岁。

有一天，哥伦布的连襟彼得罗·珂雷奥兴冲冲地跑来对哥伦布说：“告诉你一个好消息。”“什么好消息？你快说。”哥伦布好奇地问。“玛德拉岛的一位船员说，从他们那个岛向西航行300海里，可以看到三座岛屿。”珂雷奥激动地说。

“哦！这确实令人兴奋！前些日子我也曾听人说过，有一位船员在爱尔兰的西面竟然发现了一块陆地，有人猜测那就是东方的鞑靼国。”哥伦布欣喜地和他交换意见。

“这么说来，我又有一项新证据了。”珂雷奥兴奋不已地说。

“你难道还有什么新发现么？”哥伦布一脸疑惑地问道。

“以前，我曾经听到一位领航员说过有一艘船在前往亚速尔群岛途中遭遇到大风暴，船被吹到远离目的地的西方海面，等到风暴过去以后，船员们在海上捡到一块刻有图案的木片。经过仔细研究，发现那种图案不是用铁器雕刻的，好像是用石器刻的，因为花纹非常粗糙简陋。据推测，应该是从西方海上漂流过来的。如果这项判断正确的话，那么，在西方一定有我们所不知道的岛屿或陆地，你说是不是?”珂雷奥说完以后，盯着哥伦布看，似乎在征询他的意见。

“不错，我在波德·珊特岛海边也曾捡到过这一类的碎木片，听说还有人捡到过连根的芦苇呢，这些想必都是从西方漂过来的。”哥伦布看着珂雷奥回答。

“是不是书上记载的印度芦苇?”珂雷奥迫切地追问。

“可能是吧！但不能确定。”哥伦布慎重地回答。

“另外我还听说在弗罗米斯岛发现了几具尸体，既不像非洲人，又不像欧洲人。在亚速尔岛又发现过巨大的松树被海浪冲上岸边，这种松树是当地从未见过的，说不定也是从西方漂来的，你认为呢?”珂雷奥问哥伦布。

哥伦布凝神思索，没有再接话。

珂雷奥继续阐述他自己的看法，他说：“这几年来，我一直在收集各项证据，并加以研究，我得到的结论是，大西洋的西面一定有陆地，也许那就是马可·波罗所描述的中国和印度。我认为要到东方去，只要一直往西航行就可以了。国王虽然热衷于发现绕道非洲的新航道，我倒认为不必如此麻烦，只要一直往西走应该是比较近的。”

哥伦布对这位热衷于航海的亲戚很有好感。不过，对于他所下的结论还不能轻易认可，哥伦布是一个非常冷静、理智的人。

波德·珊特岛位于大西洋上，岛上港口可以为往来于欧洲西海岸的贸易船补给食物和淡水，哥伦布经常去找这些商船的船员聊天，并从他们口中获悉一些新消息和资料，他默默地把这些资料详尽地记载下来并一一加以研究。

关于大西洋的那边可能还有陆地的说法，不断萦绕在哥伦布的脑海，资料收集得愈多，这个信念就愈加坚定。他坚信只要一直往西航行，就能到达东方，由此推论，地圆说应该确定无疑的了。

太空中看到的地球

不过，在那个时代，人们深信天是圆的，地是平面的。

哥伦布的地圆理论，被人视为荒谬怪诞到了极点。

“如果这个世界是一个圆形像球样的东西，那么，球的那一边的人，怎么站立得住呢？真是可笑！人还能倒着走路么？就是说嘛！我们是头朝上，脚朝下，球的那一边的人，岂不是头在下，脚在上么？这怎么可能呢？我看，哥伦布的精神有毛病！对！这明明是疯人讲疯话嘛！”街头巷尾，都把哥伦布的说法当作疯子讲疯话，根本没有人相信。

波兰天文学家哥白尼的专著《天体运行论》于1530年完成，主张太阳恒静，地球与其他行星围绕着太阳运转，这就是所谓的“地动说”。此书的出版已经是哥伦布死后的事了。

即使周遭遍布质疑声，哥伦布却并不因此而灰心、沮丧，他的信念一直没有动摇，虽然他已进入中年，但浑身仍充满了青年人的朝气和活力。

背景知识

地圆说

几千年来，人类对自己生存的大地一直抱有极大的兴趣。古代中国曾有“天圆地方”说，西亚人则认为大地是飘浮在海洋上的半球，古希腊人最初将它想象成一个扁平的圆盘等等。公元前6世纪，古希腊数学家毕达哥拉斯第一次提出地球这一概念。约公元前3世纪，生活在亚历山大的科学家埃拉托色尼用几何学方法确立了地球的概念。公元2世纪，希腊地理学家托勒密在他的《天文学大成》中也把地球说成是一个球体。这些都是人类认识地球的重要成果，但只是一些数学推论和理论论证。

文艺复兴时期，人文主义者发现了古希腊的这些学说，当时已有不少人相信地球是圆的，开辟新航道的探险家们就都怀着这样的信念。公元1519至1522年，葡萄牙人麦哲伦的船队完成了人类历史上第一次环球航行，它以无可辩驳的事实向全人类证明了地球是圆形的说法。这对科学的发展和人类对宇宙的认识都有着重大意义。

哥白尼

尼古拉·哥白尼（1473—1543），伟大的波兰天文学家，日心说的创立者，近代天文学的奠基人。1473年2月19日生于波兰维斯瓦河畔的托伦城。10岁丧父，由舅父瓦琴洛德抚养。18岁时进克拉科夫大学，在校受到人文主义者、数学教授布鲁楚斯基的熏陶，抱定献身天文学研究的志愿。三年后转回故乡。当时已任埃尔梅兰城大主教的舅父瓦琴洛德，派他去意大利学教会法规。

哥白尼

公元1497至1500年间，哥白尼在波洛尼亚大学读书，除教会法规外，还同时研究多门学科，尤其是数学和天文学。对他影响最大的老师是文艺复兴运动的领导人之一、天文学教授诺法腊。哥白尼在意大利的时候，因舅父的推荐，于1497年被选为弗龙堡大教堂神父。

1501年他从意大利回国，正式宣誓加入教会，但随即又请假再次去意大利。先在帕多瓦大学，同时研读法律与医学专业。1503年，哥白尼在费拉拉大学获得教会法博士学位。1506年，哥白尼从意大利回到波兰。1512年他舅父死后，哥白尼选择定居在弗龙堡。作为神父的哥白尼，职务是轻松的，他把大部分精力都用在天文学的研究上。

哥白尼的主要贡献是创立了科学的日心学说，写出“自然科学的独立宣言”——《天体运行论》。1535年，哥白尼用“4个9年的时间”完成了长达六卷的科学巨著《天体运行论》。第一卷论太阳居宇宙的中心，地球和其他行星都绕太阳运行；第二卷论地球的自转，指出地球是绕太阳运转的一颗普通行星，它一方面以地轴为中心自转，一方面又循环着它自己的轨道绕太阳公转；第三卷论岁差，即地球自转轴的运行使春分点沿黄道向西缓慢运行，其速度每年为50.2角/秒；第四卷论月球的运行和日月食；第五卷、第六卷论五大行星。这就完整地提出了太阳结构的理论——日心学说：太阳居于宇宙的中心静止不动，而包括地球在内的行星都绕太阳转动。离太阳最近的是水星，其次是金星、地球、火星、木星和土星。只有月球绕地球转动，恒星则远离地球，在太阳、月球、行星之外，在镶嵌着所有恒星的天球恒星天静止不动。

哥白尼把统率整个宇宙的支配力量赋予太阳，而各个天体则都有其自然的运动。哥白尼的日心学说科学地阐明了天体运行的现象，推翻了统治长达1000多年的托勒密体系——地心学说，并从根本上否定了基督教关于上帝创造一切、地球是静止不动的谬误。

哥白尼慑于教会的威胁，怕遭到迫害，迟迟不愿将《天体运行论》公开出版。

1543年5月24日，哥白尼的不朽著作《天体运行论》几经周折，终于出版，可是当样书送到哥白尼手里时，这位伟大的科学家已处于弥留之际，无力校正被教会篡改了的章节，使教会的阴谋暂时得逞。

哥白尼根据前人研究的成果和自己30多年对天体的实际观

察和计算，创立了“日心说”，说明地球和其他行星围绕太阳运转，地球又以地轴为中心自转。这和当时唯心主义的“地球中心说”相违背。当时教会把“地心说”和上帝的“创世说”联在一起，编造一套“目的论”的谎话，说全能的上帝为了使人类得到光明和温暖才创造出各种天体，宇宙是以地球为中心的。因此，哥白尼的学说，受到教会的极端仇视，教会对哥白尼进行各种迫害，企图迫使他放弃“日心说”，但遭到哥白尼的拒绝。教会无耻地利用手中的权力，篡改了哥白尼的著作，把哥白尼的序言砍掉，换上一个伪序，伪序宣称“日心说”不过是一种假设，一个臆断……阉割了哥白尼学说的唯物主义内容。

但是，真理的光芒是遮不住的。“日心说”终于为全世界所公认。而且，19世纪中期，哥白尼的《天体运行论》原稿在布拉格的一家私人图书馆里被发现。1873年出版的《天体运行论》，增补了原序，但有关原子学说的章节未能补入；1953年出版的《天体运行论》，才把原有章节全部补上。这样，经历了400多年的曲折过程，被阉割了的《天体运行论》，终于恢复了本来的面貌。教会的可耻的阴谋破产了，真理胜利了。

《天体运行论》的核心思想是“日心和地动”，主要观点是：太阳是宇宙的中心，地球作为一颗普通行星，它既有绕太阳的公转，又有绕轴每昼夜由西向东的自转；月亮是地球的卫星，绕着地球旋转，地球又带着它绕太阳旋转等等。

哥白尼的“日心说”把“地心说”颠倒了1000多年的日地关系重新颠倒过来，由此带动了一系列思想观念上的变革。这不仅是天文学发展中的重大突破，更是近代自然科学史上具有划时代意义的发现。

向葡萄牙进谏“西回”计划

哥伦布和莫妮兹带着小狄亚哥再度回到了里斯本。因为哥伦布要实行他那“西回印度新航道探险”的计划，还是在国王的所在地首都里斯本更为合适。

“大哥，你的计划进行得怎么样了？”哥伦布的弟弟巴索罗缪有一天这样问他。

巴索罗缪已经当了老板，在里斯本开了一家经销地图和书籍的商店。

工作中的哥伦布

哥伦布自信地说：“嗯，可以说颇有进展。我已经算出了此地到印度的距离。根据一般的说法，大西洋的大小约占地球的七分之一。地球经度360°的七分之一是51.4°；经度1°的距离按50英里来计算，大约是2570英里（合4000余公里）而已。”哥伦布参照了杜斯卡内里的地图和各种书籍，并加以详细计算得到结果，认定4000多公里的航程就可以到达印度。

以今天的地理知识来看，哥伦布犯了很大的错误。经度1°

的大小已然不对，更糟糕的是他认为地球的七分之六是陆地。

不过，这也难怪，因为当时的人们只知道欧洲和亚洲之间有广阔的大西洋，哥伦布哪里会想到还有美洲大陆和广阔无垠的太平洋呢？如果他早知道的话，就会明白绕道往西航行到东方去，要比绕经非洲来得更远、更危险，也就不会去探险航海。当然，他也就不能享有首先发现新大陆的荣耀了。

不管怎样，哥伦布好不容易才算出了欧洲到印度的里程，并将这趟航海之旅所需要的船只大小、船员人数、食品、武器、贸易品等项目一一算好，列出清单。由于费用太过庞大，如果没有国家资金的大力支持，很难成行。

“那么，只要国王批准，这项计划就可以付诸实施了？”巴索罗缪问。

“问题就在这里呀！葡萄牙因为和西班牙打了4年的仗，国库空虚，现在财政很困难。”哥伦布无可奈何地说。

巴索罗缪向哥伦布建议道：“最近继位的国王约翰二世对印度航道的开发相当重视，只要他能得到亚洲的财富，在战争上花掉的钱很快就可以赚回来的。他现在还是拼命在搞东回航道，如果大哥向他提出西回航道的计划书，也许可以获得他的支持。”

1484年的时候，哥伦布在巴索罗缪的鼓励下，开始四处奔走，希望能由贵族们替他引荐，觐见国王。

“横越大西洋向西打开通往印度航道的设想看来十分有趣，我想听听他的想法。”约翰二世有点动心。

于是，哥伦布带了杜斯卡内里的地图，入宫觐见国王约翰二世。

1484 年哥伦布向葡萄牙国王提出“西回印度新航道探险”

“我有信心，能以远比东回航道更短的航程打开通往印度的新航道。我们只要航行地球七分之一的距离，就可以到达印度，但是，如果循东回航道前往印度，却需航行地球的七分之六。”哥伦布自信地跟约翰二世保证。

“你的话很有道理，我想召开一次会议，就这项计划提出讨论，有了结论再通知你吧。”约翰二世稍有迟疑，安抚哥伦布道。

哥伦布说：“恳求贤明的国王陛下，务必要给我实现这个夙愿的机会。”

“这个人的确与众不同，想法很踏实，而且又有勇气。”国王有些心动了。

过了大约一个月之后，约翰二世召开了会议。到会的有贵族、大臣、地理学家和著名的船长等。“我国在过去曾接二连三地派出探险船，由非洲西海岸向南进发，目的是要发现通往印度的东回航线。但是，截至目前，还没有显著的成就。今天的会议，就是要讨论今后我们是否应该继续进行东回航道的探求，或者改为采用哥伦布所提出的新计划，希望大家尽量发表意见。”国王首先发言，做了以上的提示。

一些贵族担忧地说：“这位名叫哥伦布的热那亚人，只怕头脑有问题，有人说他是一个吹牛皮专家呢。如果对这种人所说的话信以为真，按他说的派船出海，岂不是有损我们葡萄牙的国誉?”

“但是，他的计划确实很周详、牢靠。这不是一个只会吹牛皮的人所能做到的。况且，他的航海经验也很丰富。”国王说。

“假使这项航海成功，哥伦布有什么要求?”有贵族问道。

“他所提出的条件：第一，任命他为贵族；第二，封他为印度副王，将该地全部收益的十分之一归他所有，而且在他死后，其地位要由他的儿子来承袭。”约翰二世将哥伦布的要求简要罗列了一下。

贵族们听见约翰二世这样说，不禁大吃一惊，他的要求实在太过分了。

那些贵族和大臣们眼见国王对哥伦布的计划如此重视，于是想出了一个恶毒的主意，他们派出一些人故意去和哥伦布接近，表示对他的构想非常感兴趣，愿意竭尽全力协助他去实现这项计划。

老实的哥伦布丝毫没有起疑心，竟把他们视同知己，和他们谈得极为投机。

他们经常聚在一起研究航海的各项细节，计算所需的费用、人员、物资等等。就这样，这些心怀不轨的人，把哥伦布探险计划的详细情形摸得一清二楚。

然后，那些贵族、大臣们开始暗中筹备。不久以后，他们偷偷地派遣一个船队，秘密地出发了。

哥伦布在演讲

这些人的如意算盘是：如果这次探险成功，那么，一切功劳岂不是都归自己所有了么？不料，人算不如天算，这支船队出发后不久，就在海上遭遇到暴风雨的袭击，风帆吹裂，桅杆折断，船只几乎全部覆没。船上这批人的经验和能力都不足，眼看前面是一望无际的浩瀚汪洋，还不知有多少的惊险和困难在等着他们呢！这一趟的探险到底有几分成功的把握，他们心里都没底。

这一次的风暴已经够让人丧胆了，他们实在不想再盲目地往前闯，于是掉转头来，狼狈地返回贝尔特岛。

哥伦布很诧异地发现，前些时候还和他热切讨论航海探险的那批朋友怎么一个都不见了呢！诚实、淳朴的他还认为这些朋友在为他向宫廷及有关人士去奔走游说呢！

他天天痴心地等待，希望宫廷能批准他的探险计划。他做梦也不会想到那些堂堂的王公大臣们，瞒着他干下这种见不得人的勾当！偏偏又天不从人愿，阴谋分子探险失败，铩羽而归的消息终于慢慢地传开来了。哥伦布的愤怒是可以想象的，他对那些经常出入宫廷的上流社会人士深感痛恨，对他们的卑劣行为尤其不齿。

正当哥伦布备尝失意的痛苦滋味时，妻子莫妮兹因病去世了！哥伦布几乎完全失去了精神支柱。

“在葡萄牙再待下去也没有意思了，我不如到西班牙去碰碰运气。”失意的哥伦布暗下决心；1484 年的晚秋，哥伦布带着 3 岁的狄亚哥偷偷地溜出里斯本。因为约翰二世为了防止哥伦布投靠别国去实现他的计划，特意派人监视着他。

约翰二世接到监视人的报告，得知哥伦布已经逃往国外时，十分懊恼，他心想：“他这个人果然是一心一意要实现印度航道探险的计划。也许我早该采取断然的措施，准许拨款援助他才对。”

然而，这位年轻的国王却万万没有想到，由于他们拒绝了哥伦布的计划，葡萄牙将要失去多大的利益！事实上，葡萄牙国王是眼睁睁地看着这个已经煮熟了的肥鸭——可能会给葡萄牙带来黄金和领土的人飞走了。

背景知识

西班牙和葡萄牙争当开辟新航道的先锋

15 世纪，科学技术的提高和地理知识的进步，使远洋航行成为可能，为开辟新航道创造了必要的条件。当时的欧洲人已能制造多桅快速、载重数百吨甚至上千吨且适宜远航的大船。我国发明的指南针，经阿拉伯人之手于 14 世纪传入欧洲，也被普遍应用于航海事业。古希腊地理学家托勒密的地圆说，日益被人们接受。1477 年，佛罗伦萨地理学家托斯堪内里（1379—1482）绘制世界地图，把中国和日本画在欧洲的西方，坚信从欧洲向西航行可以到达东方。

中国、印度和阿拉伯人的航海成就，有助于欧洲人开辟直达东方的新航道。公元 1405 至 1433 年间，明代伟大的航海家郑和率领庞大船队七下西洋，先后访问亚、非三十余国和地区，最远抵达今东非肯尼亚的马林迪，并绘制了完整的航海图，是世界航海史上的壮举。印度和阿拉伯的航海家早就航行在印度洋上，他们还沿非洲东岸向南航行，最远到达今莫桑比克。15 世纪末，葡萄牙人达·伽马就是利用上述航海成就，开辟了绕道非洲南端的好望角直达印度的新航道。

15 世纪末，伊比利亚半岛上的西班牙和葡萄牙，已经完成领土统一和实现中央集权。两国的专制君主及贵族、商人，为掠夺黄金、白银，扩张势力，积极支持航海事业和开辟直通印度的新航道。西班牙和葡萄牙两国的统一又是在“收复失地”即反对伊斯兰教徒的胜利斗争中实现的，于是 15 世纪末的伊比利亚半岛出现一股空前的宗教狂热，希望与信仰基督教的东方君主联合起来，共同夹击信仰伊斯兰教的奥斯曼土耳其人。上述各种因素起作用的结果，促使西班牙和葡萄牙成为探索新航道和殖民掠夺的先锋。

游说西班牙国王

1484 年 10 月，在西班牙南部地中海沿岸，有一个现在已经荒废了的港口，叫作巴洛斯。从葡萄牙越过国境逃过来的哥伦布带着年幼的儿子狄亚哥步履蹒跚地走到巴洛斯的市镇。

他们父子二人自从头天起就没有吃过一点东西，在来到巴洛斯一座小山上的拉比多修道院前面时，终于体力不支而双双倒地。

“你们看，有人倒在这里。”

“这是怎么回事?”

“可能是饿昏了吧!”

修道院里走出了几位修士，把哥伦布和狄亚哥扶了起来。

“对不起，请给我一杯水好吗?”

“你们大概是过路的人吧。看起来身体好像很虚弱的样子，到里面来休息一下好了。”

“说实在话，我们已经两天没有吃东西了。”

西班牙广场的回廊与桥栏

巴洛斯的这家修道院有一位属于佛兰西斯可派教会的贝雷士神父。善于观察人的贝雷士与哥伦布交谈了几句话，看出了他不是一个平庸的人物。

贝雷士神父马上叫人端出面包和牛奶，请哥伦布父子食用。

父子俩狼吞虎咽地饱餐了一顿以后，精神恢复了不少。哥伦布向神父一再地致谢，并告诉狄亚哥不要忘记祷告，以感谢耶稣基督和圣母玛利亚的恩典。

贝雷士神父一直以慈祥、同情的目光打量着这一对落难的父子，心想：看他的仪表和谈吐，都不同凡俗，不知道何以会落得如此地步？如果他有困难，我得想办法帮助他才是。

当他们再度四目相对时，神父以一种极为恳切、和蔼的语气问道："请恕我冒昧，不知道你们是从哪里来，准备到哪里去？"

"唉！我是到处流浪啊！"哥伦布话里带着浓浓地失意。

“听你的口音，不是西班牙人，你是从外国来的吧？”贝雷士神父问。

中年时期的哥伦布

哥伦布礼貌地说：“是的，我出生在意大利，后来移居到葡萄牙。我的名字是克里斯托夫·哥伦布，是虔诚的基督徒，一直从事航海事业。我在这方面下过很大的工夫，我确信从大西洋一直往西航行，就可以到达东方。我曾经详列计划，请求葡萄牙政府支援，不但未蒙批准，反而受到一些自命高贵人士的欺骗。我失意之余，爱妻又在此时去世，只好带着幼小的孩子出来流浪……”

哥伦布喝了一口茶，继续说下去：“我曾经一度回到热那亚故乡，侍奉了老父一段时期，也曾经请求热那亚政府的支持，但却没有引起他们的重视。离开热那亚后，前往威尼斯共和国，不料，却又碰上内乱！我的探险航海计划，需要有国王的赞同，以国家的力量支持、协助，才能实现。但眼前却是到处碰壁，倾家荡产，不过我仍未灰心，我让弟弟巴索罗缪到英国去了，向英王亨利六世请求援助，我也想到这里来碰碰运气。恰好，我亡妻的妹妹和妹夫住在威尼斯，我想把孩子暂时寄养在他们那里，然后全力去探险航海！现在，我已经身无分文，早上经过这里，由于过度饥饿，体力不支，倒在您门前，承蒙接待，我们父子俩感激之至!"

贝雷士神父耐心而仔细地听完哥伦布的叙述，心中有了一个决定。

他暗忖：眼前的这位中年人，虽然潦倒不堪、风尘满面，但从他文雅的谈吐、高尚的仪态来看，确实是一位学识渊博、航海经验丰富，而且有理想、有抱负、意志坚强的男子汉，我应该尽我之力去帮助他。

耶稣塑像

于是，贝雷士神父对哥伦布说道："你这项通往印度的西回航线计划，确实很有见地。不过，西班牙现在正和伊斯兰教徒打仗，可能没办法立刻派出探险船队。不过你放心，我会尽力帮助你实现这个计划的。"

接着，这位神父又以另一个话题来试探哥伦布，他说："人们都向往东方的黄金、珍宝和珍贵的香料，不惜冒险前往寻求。《圣经》说，人，不仅仅是为了面包而生存，真正的基督徒，应该把财富积聚在天国，不应该一味地追求地上的财富。耶稣曾经说过，富人要进天国，比骆驼穿过针孔还要难。我相信你是懂得这层道理的，我希望你的动机，不是为了东方的珍宝财富。我的话很直率，请你原谅。"

哥伦布深受感动地回答说："您的话说得极是，我的这项计划，是基于另一种信念和心愿，绝不是仅仅为了东方的财宝。我认为世界是一个整体，都是神所创造的，所有的人类都如同手足、如同兄弟，都应和睦相处，互助互爱，这样才能幸福。对那些东方的异教徒，或是尚未开化的民族，传播耶稣基督的福音，使他们都能获得正确的信仰以拯救他们的灵魂，这就是我唯一的愿望。为了达成这一心愿，我不知道经历了多少的艰难困阻和冷嘲热讽，有人讥讽我是疯子，有人骂我是想发横财的投机分子。可是，我始终坚定信念，奋斗不懈。如今弄得一贫如洗，形同乞丐，但仍然要奋斗，不达目的决不罢休。我即使得到了黄金、珍宝，也不是只图个人的荣华、享受。最近，听说伊斯兰教徒在圣地耶路撒冷破坏耶稣的墓地，残杀基督教徒，实在令人气愤！假如我能获得东方的黄金、珍宝，就可以效法过去的十字军东征，把有坚定信仰的基督徒组织起来，训练一支军队，去保护耶稣的坟墓及被迫害的基督徒。我相信在天之父耶稣基督，一定会助我完成这一理想和心愿的。我是被主选定的人，对于这一点，我一直深信不疑。过去我曾被人视为疯子，被讥笑为梦想发财的投机分子，受尽欺凌和侮辱，我都不计较。如今我孑然一身，形同乞丐，到处

十字军

流浪，但心中的信念，依然丝毫没有动摇。为什么？就是坚定的信仰在支持着我，对来自世俗的讥讽和打击，我绝不介意。”

哥伦布这一席话说得铿锵有力，他热情、炯炯有神的目光，使听者不禁动容。

贝雷士神父精通地理学和航海学，他在西班牙的宫廷里也有很多朋友，是一位颇具影响力的人。

他一方面被哥伦布的真诚所感动，以他自己所具备的航海知识来判断哥伦布的理论，他相信哥伦布不是痴人说梦，于是，他决心帮助哥伦布。

贝雷士神父紧握着哥伦布的手说：“哥伦布先生，你们父子俩先在这里住下来，再慢慢想办法。这不仅是为了你，同时，也是为了西班牙，这项计划一定要实行，因为你是上帝的使者。”

被人当作笑柄而逃出葡萄牙的哥伦布，第一次遇到了一位真心帮助他的贵人，这一切让哥伦布兴奋无比。

贝雷士神父把哥伦布的计划，让巴洛斯的居民们传了出去，当地一些有头有脸的人听到了这个消息，都相继前来修道院拜访哥伦布，热心地听取他的计划。其中，最积极的是航海家宾逊兄弟。

“我们无论如何要抢在葡萄牙人之前开辟印度航道，你决定出海时，请把我们的船也带去，为了这项壮举，我们甘愿付出一切代价。”宾逊兄弟慷慨地当面许下了诺言。

贝雷士神父也备感兴奋，立刻决定向西班牙王室推荐哥伦布的这项计划。他写了一封恳切的介绍信给他的好友费尔南度·德·塔拉裴拉，他是在宫廷里颇有影响力的教会人士。

此外，贝雷士神父为了使哥伦布没有后顾之忧，让他的幼子狄亚哥暂时留住在拉比多修道院，还亲自负责培养教育这个孩子。

当时，西班牙是由斐迪南国王的亚拉冈和伊莎贝拉女王的卡斯提尔两个王国所组成。

哥伦布纪念碑

1479年斐迪南和伊莎贝拉结婚后，这两个国家就合并成一个王国。

这些西班牙人长期以来和国内信奉伊斯兰教的摩尔人（北非的阿拉伯人）争战不休，最后的胜利虽然势必属于西班牙人，但是，据守在格拉那达地区的摩尔人，仍然在进行着顽强的抵抗。

哥伦布把孩子暂时托付给修道院代为照顾，一个人前往王宫。在贝雷士神父的安排下，他要去晋见伊莎贝拉女王和斐迪南国王。但是，国王和女王却正在格拉那达督战，没有工夫赶回宫廷。

“请少安毋躁，您迟早可以见到国王和女王陛下的。”

哥伦布只好暂时留在贝雷士神父的友人贵族阿隆佐家里作客，耐心地等候着觐见国王和女王陛下的机会。

“像这样等下去，不知要等到何年何月，真是窝囊透了！万一被葡萄牙人抢了先，一切的努力都将成为泡影。”

焦虑不安的哥伦布在阿隆佐家里百无聊赖之时却幸运地结

识了一位名叫蓓雅崔克施·恩莉凯丝的贵族妇人。

心地善良的恩莉凯丝细心地安慰、鼓励哥伦布。最后，两人因热恋而结婚，生活得很幸福。

哥伦布依然耐心地等待着机会，日子一天天地过去，他经常独自踯躅在街头，当地的人们见到这位曾经潦倒不堪的外乡人居然受到显贵的重视，还经常出入于宫廷，不免因嫉妒而讥嘲他，也有人骂他是怀揣幻想的投机分子或疯子。

不过，时日一久，凡是和他接触过，或是跟他交谈过的人，无不因他的热情和深远的抱负而由衷佩服。人们对他逐渐由了解而钦敬到同情了。

1486 年将近年底的一天，阿隆佐带回了一个好消息，斐迪南国王准备正式召见哥伦布。

一年多以来一直在等待着这个通知的哥伦布马上换了件衣服，信心十足地向撒拉曼加的都城出发了。

哥伦布兴冲冲地赶到都城。

翌日一大早，哥伦布就把一切资料准备齐全，带往宫中。斐迪南国王接见了他，并把他的计划仔细地看过。然后对他说：

“计划确实设想得很周到，如果能够成功，不仅可以向东方传播基督福音，而且可以透过与亚洲方面的贸易而获得巨大的利益。不过，这件事情也不能由我一个人来作决定。”

隔了几天，国王再度把哥伦布召去，请他列席会议，向学者、教士和贵族们做报告。哥伦布取出了随身带来的海图，以稳健有力的语调做了详细的说明。

席中，思想比较迂腐、顽固的教士们纷纷提出：“如果说地球是圆的，那么，地球背面的海水岂不是会全部流掉了吗？”

“住在地球背面的人，到底要怎样行走呢？”

哥伦布在一一答复了各人的问题之后，以充满自信的口吻说：“我的计划实现以后，一切都可以明白了。”

西班牙 2006 年发行的哥伦布纪念银币

斐迪南国王原本有意要当场做个明确的决定。但是，这毕竟是一件需要花费大量的金钱，非同小可的事。

他念头一转，吩咐属下说：“航路的发现固然重要，但是把伊斯兰教徒赶出西班牙，使战争早日结束却是当务之急。这事留待以后再办，也不会太晚。记住，对哥伦布要每月发给足够他生活的费用，让他在西班牙能够安心住下去。”

斐迪南国王做了如此的交代后，就再次回到战场上去了。

哥伦布又坠入了失望的深渊。

“我相信国王总有一天会批准的，我们必须坚定地等待这一天。”

在妻子恩莉凯丝的鼓励下，哥伦布把最后的希望寄托在渺茫的将来。

1488 年 8 月，恩莉凯丝生下了一个可爱的男孩，哥伦布为他取名为斐尔南。

背景知识

十字军东征

十字军东征是在1096年到1291年发生的8次宗教性质军事行动的总称，是由西欧基督教（天主教）国家对地中海东岸的国家发动的战争。东征期间，教会授予每一个战士一枚十字架，组成的军队称为十字军。

11世纪末，西欧社会生产力有了长足的发展，手工业从农业中分离出来，城市崛起，已有的财富已不能满足封建领主贪婪的欲望，他们渴望向外攫取土地和财富，扩充政治、经济实力；另外，当时的西欧实行长子继承制，许多不是长子的贵族骑士不能继承遗产，成为“穷光蛋骑士”，他们往往靠服兵役和劫掠商旅为生；除了骑士外，西欧的城市商人，特别是威尼

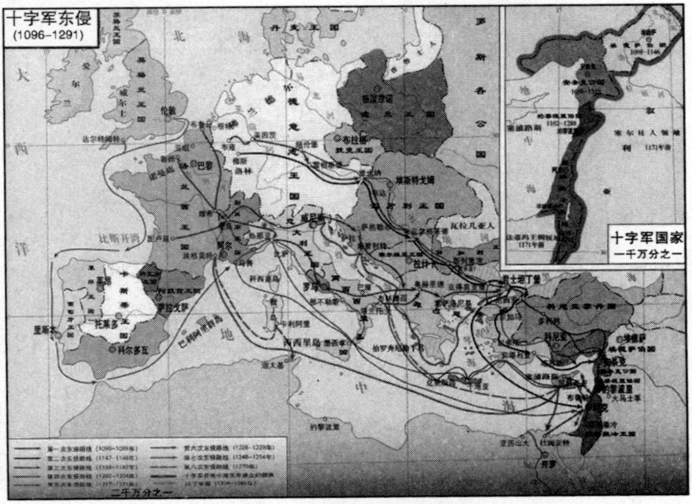

十字军东征地图

斯、热那亚和比萨的商人，企图从阿拉伯和拜占庭手中夺取地中海东部地区的贸易港口和市场，独占该地区的贸易，因而也积极参与了十字军。还有就是农民，他们受到封建领主越来越重的剥削和压迫，再加上连年的灾荒，他们梦想寻找摆脱饥饿和封建枷锁的出路，所以才逐渐被教会所蒙蔽，被骗往东方；欧洲教会最高统治者罗马天主教会，企图建立起自己的“世界教会”，确立教皇的无限权威。这些原因促使他们把目光转向了地中海东岸国家。当中东地区混乱不堪、君士坦丁堡皇帝阿历克修斯一世向罗马教皇乌尔班二世求援，以拯救东方帝国和基督教的时候，不知此举正中了罗马教皇的下怀。早已垂涎东方富庶的西欧教俗两界，由天主教会发起，以驱逐塞尔柱突厥人、收复圣地为目标，以解放巴勒斯坦基督教圣地（耶路撒冷）为口号，开始了十字军东征。

西欧商业资本的增长，以及城市和商品货币关系的发展，加速了封建社会内部的社会经济分化，并推动统治阶级去掠夺经济发达的近东国家。十字军东征是天主教会在解放巴勒斯坦基督教圣地（耶路撒冷）的口号下发起的。耶路撒冷和其他拜占庭领土在11世纪末被穆斯林（塞尔柱突厥人）占领。十字军参战者服装均饰以红十字为标志，通称“十字军”。

1095年，教皇乌尔班二世在法国南部克莱蒙召开宗教大会，以“从异教徒手中夺回‘圣地’耶路撒冷”为口号，煽动宗教狂热情绪，号召发动第一次十字军东征。

1099年7月，十字军击败塞尔柱突厥人，攻占耶路撒冷，建立耶路撒冷王国及爱德沙伯国、的黎波里伯国和安条克公国。

1144年，塞尔柱突厥人占领爱德沙，法王路易七世和神圣罗马帝国皇帝康拉德三世因此于1147年发动第二次东征，在小亚细亚和大马士革附近遭到惨败。

1187年，埃及苏丹撒拉丁收复耶路撒冷，德皇腓特烈一世、法王腓力二世与英王理查一世遂于1189年发动第三次东征，与撒拉丁连番激战，无功而返。

1202年，教皇英诺森三世策划了第四次东征，原计划攻取埃及，但在威尼斯商人的干预下，反而进攻信奉同一宗教的拜占庭帝国，占领了君士坦丁堡和拜占庭在巴尔干的大部地区，建立“拉丁帝国”。

第五次（1217—1221）、第六次（1228—1229）和第七次（1248—1254）东征的目标均为埃及，第八次（1270）东征的目标是突尼斯，均告失败。1291年，十字军丧失了其在东方的最后据点阿卡，标志着东征以彻底失败而告终。

第三篇 “大航海时代”的序幕

只要我们把希望的大陆牢牢地装在心中，风浪就一定会被我们战胜。

——哥伦布

得到西班牙女王支持

“来到西班牙已经有五年了，出海的希望还是遥遥无期！据说，格拉那达的都城、阿尔漠勃拉的守军摩尔人部队，至今仍然顽强抵抗，西班牙军无法越雷池一步。”哥伦布无奈地想。1489 年，回到了巴洛斯的哥伦布，40 岁还不到，可是头发却已经灰白了。

“等到战争结束时，说不定我已经衰老，再没有体力出海远航了！”哥伦布越想越不安，只得再去找贝雷士神父商量。

哥伦布感叹地说：“我打算离开西班牙，如果照这样无限期地等下去，只能是蹉跎岁月，一事无成！”

贝雷士神父同情地反问说：“你似乎认为，在西班牙大概是得不到国王和女王的支持了。可是，你又准备去投靠哪个国家呢？”

教堂雕塑：哥伦布把航海计划呈送给支持他航海的基督教主教

哥伦布回答说：“我想前往法国。以前我曾在法国舰队待过，所以，我打算派舍弟巴索罗缪出面，代我向法国国王请求援助。”

贝雷士大夫神父说：“你的心情我很了解。不过，即使你去了法国，也不一定会被接纳。在事情决定以前，还会拖很长的时间。这样好了，让我再写一封信给伊莎贝拉女王试试，等到回信来了再说。”

贝雷士神父写了一封很长的信，大意是：如果不赶快想办法，哥伦布势必负气投靠法国，而我国则将眼睁睁地丧失即将发现的大量领土和黄金……

过了半个月，女王派人送来了回信，要求贝雷士神父立刻到圣塔菲一趟。

贝雷士神父在临行前安慰哥伦布说：“一切包在我身上，我一定会带回好消息给你的。女王在信中也提到，格拉那达的战争就快要结束了。”

“万事拜托了，贝雷士神父。”再度满怀希望的哥伦布说。

年迈的贝雷士神父骑上了驴子，向圣塔菲城出发。此去到圣塔菲城有320公里的路程，途中要穿过旷野，攀越山峰，横渡溪谷，是一次相当艰苦的旅行。

神父到圣塔菲的城堡觐见了女王，极力向她解释：如果哥伦布的计划实施了，不仅能使众多亚洲人接受主耶稣的福音，西班牙也可以得到巨大的利益。

同时，他一再强调，哥伦布是一个信心坚定、学识渊博、经验丰富的航海家，为人诚实可靠，可以信赖。

当时，有一位神父名叫德洛·冈塞来司·蒙德沙，他是德来特市的大主教，深受国王的信任，可以说是权倾一时、一言九鼎的人物。他对哥伦布也非常器重、欣赏，由于他的推介，使得女王对哥伦布的印象更为深刻。

伊莎贝拉女王才智出众，英明有为，而且极富同情心，也是一位虔诚的基督徒，她的能力不在斐迪南国王之下。

伊莎贝拉女王

当她获悉哥伦布的探险目标不仅是为了东方的珍宝、财富，而是希望把基督福音传向东方，深表嘉许。

伊莎贝拉女王立即对贝雷士神父说：“这些我都了解了，你赶快回去，转告哥伦布，要他立刻到圣塔菲来，我要亲自跟他谈谈。”

女王显然已经在心中有了重大的决定了。她考虑到哥伦布的服装仪容，还特别指示要送金币给他作为购买服装的费用。

从贝雷士神父的信中接获了这个喜讯的哥伦布，赶紧准备一切，快马加鞭地赶往圣塔菲。

哥伦布欣喜不已，心想：“夙愿得偿的日子终于来临了！”

当时正值1491年的岁末，为争夺格拉纳达城而展开的摩尔人和西班牙军队的攻防战，已经面临最后决战的时刻。

1492年1月2日。在格拉纳达城头迎风招展的摩尔军旗帜被换上了西班牙的国旗。

这场战争，终于以西班牙获得胜利而结束。摩尔人的保布迪尔王，跪在西班牙国王面前献出了自己的佩刀和城门的钥匙。

这是哥伦布到达圣塔菲仅仅几天之后的事情。哥伦布内心的喜悦，简直无法形容。

斐迪南国王就在格拉纳达城召见了哥伦布。

斐迪南国王首先向哥伦布说：“我等待今天这个日子已经很久了。在摩尔战争获得胜利的现在，西班牙还必须再打赢另外一场战争，那就是与葡萄牙之间的打开印度航道之战。”

哥伦布面对着国王和满座的贵族，滔滔不绝地说道：“关于葡萄牙国王约翰二世所

好望角

派出的巴尔卓美奥·狄雅士舰队的事情，不知道国王陛下是否有所耳闻？在三年前的8月出发的狄雅士舰队，到了第二年就绕过了非洲大陆最南端的海角，发现了印度航道的入口。约翰国王为了企求印度航道能由此而开道，就把这个海角命名为‘好望角’。”

斐迪南微微颔首说：“这事我当然知道。”

哥伦布继续说下去：“预料葡萄牙在最近数年内，可能会因发现印度航道而取得不少的领土。但是，我却知道通往印度的捷径。所以，我确实有信心可以抢在葡萄牙之前，开拓出一条通往印度的航道。”

斐迪南国王说：“我承认你的计划确实有价值。现在战争已经结束，我可以考虑支付你所需要的航海费用。”

听到国王的这一句话，哥伦布又高兴，又感激，全身都兴奋得颤颤发抖。

“不过，我要听听你的条件。这次航海如果成功，你希望得到什么？”国王说。

哥伦布还是照以前向葡萄牙国王说过的一样，提出相同的要求。“首先，我希望获得爵士的封号；其次，是西班牙的海军上将的职位以及我所发现海岛和大陆的副王和总督头衔。此外，我还希望得到这些土地的总收益的十分之一。”

“哥伦布，你的要求未免太过分了吧！”斐迪南国王几乎忍不住要拂袖而去了。

“陛下是不是以为这是过分的要求？葡萄牙国王也曾经有过这样的表示。可是，亚洲的财富确实庞大无比。我的意思是，要把这些财富的十分之九奉献给陛下。西班牙必然会成为全世界最富裕、领土最广大的国家。我所提出的要求其实是微不足道!”哥伦布仍然据理力争。

“我不能把你的要求照单全收，你能不能考虑稍作让步呢?”斐迪南国王认真地问道。

“恕不让步，如果陛下能够了解到这项计划的真正价值，就应该接受我的全部要求。”哥伦布显然是看错了斐迪南这个人。

斐迪南国王说:“绝对无法接受，如果热那亚平民出身的你成了西班牙的贵族，我想贵族们也不会答应的。”

“既然如此，我也无话可说，只好再到别的国家去寻求知音了。”会谈没有结果，哥伦布怀着沉重的心情离开了圣塔菲，国王也没有阻止他。这是1492年3月下旬的事情。

背景知识

伊莎贝拉夫妇

西班牙11世纪以来的历史就是基督教王公不断夺取伊斯兰小王国地盘的历史，史称“再征服运动”。到了伊莎贝拉时代，穆斯林在西班牙只剩下最南端的最后据点——格拉纳达王国。历史将这个荣誉交给了伊莎贝拉夫妇，1490年两位国王亲率大军压境，斐迪南二世在前线搏杀，伊莎贝拉则居中调度，并负责后勤供应，还建立了战地医院。1492年，经过8个月的围困，格拉纳达弹尽粮绝，末代国王巴拉迪尔出降，半岛终于统一在基督的庇护之下。这一天，欧洲所有天主教教堂钟声长鸣。

但作为一对虔诚的天主教夫妻国王，他们对境内的异教徒，包括犹太人和穆斯林进行了迫害，并成立了宗教裁判所。就在

伊莎贝拉女王的塑像

1492年，20万拥有财富和技术的犹太人被驱逐出境，十年后摩尔人遭遇相同的命运。这也许是中世纪所有虔诚国王共有的缺憾，他们在天主教世界中得到广泛尊敬，却心安理得地对异教徒犯下了罪行。他们的宗教政策被后继者们延续下去，在卡洛斯一世和腓力二世时代达到极点。在宗教审判制度下，西班牙失去了灵气，逐渐变成一个死气沉沉的角落（而与此同时，绚烂的文艺复兴运动正在欧洲其他国家蔓延）。

对天主教的狂热和让天主教一统天下的强烈愿望，是伊莎贝拉一世执政的主要指导思想和精神动力。这种不理智的执政思想在伊莎贝拉时代却成了统一西班牙、加强全国的凝聚力、建立海外事业的推动力量。然而，一个世纪后，这种执政思想便明显地呈现出消极的一面，成为导致西班牙衰落的根源。由此看来，任何一种错误的执政思想，即使能带来一时之效，也终究不是长久之策。

“什么，哥伦布走了？”在西班牙宫廷中的阿隆佐闻讯大惊失色，连忙赶到阿尔汉勃拉觐见女王。

阿隆佐请求女王：“在哥伦布还没有通过庇里牛斯山脉进入法国之前，请火速派人把他找回来，他的计划如被法国采纳而抢先实行，那就糟了！”

女王说：“哥伦布的要求实在太过分了啊！”

“女王陛下也这样想吗？不，一点都不过分。试想，我们从他所发现的土地上所能得到的利益有多大！西班牙有了这些土地，既可以传播我们的信仰，又可以成为一个大国。如此衡量一下，他的要求还算是客气的呢！”阿隆佐接着又说：“至于航海所需要的费用，如与战争的消耗相比，简直是微不足道。我们只不过供应他几艘船而已，而这笔小小的费用却可以为西班牙打开无限的疆界，带来无上的光荣！”

女王沉吟了半晌，然后说：“阿隆佐，这件事都怪我。现在，我已经拿定主意了，我马上派人把哥伦布请回来。先前因

伊莎贝拉女王和哥伦布塑像

为我没有想通，心存疑虑，再加上战事虽已结束，但是国库空虚，一时也拿不出钱来，所以国王才犹豫不决。如今，我就是把自己的珠宝全部拿出来，也要支持这个计划。”

阿隆佐的建议终于被采纳了。

Alexander

西班牙国王发给哥伦布的“授权书”

这时候，哥伦布正在离开圣塔菲的路上，他当然不会知道自己的计划已经获准了。寄托在西班牙的梦想惨遭破灭的哥伦布，寂寞而又狼狈地踽踽而行。

当他走到距离圣塔菲十余公里的艾尔比拉山脚下的比诺斯桥桥头时，有一个人骑着马从后面疾驰而来。那人奔到了哥伦布身边，立刻纵身下马。

“哥伦布先生，我是奉了伊莎贝拉女王的命令，来告诉你一个好消息的。女王已经向阿隆佐先生保证，答应支持你的航海计划。请你再回圣塔菲吧。”这位宫廷官员一口气说了出来。

“是真的吗？”哥伦布怀疑自己的耳朵。

“当然是真的，由于女王已经下定决心，事情有了转机。”

“真是天无绝人之路！”哥伦布觉得眼前忽然大亮。

“我们赶快回宫吧。”官员勒转马头，朝着圣塔菲的方向疾驰而去。

“谢谢你，幸运的使者!”

是的，他的确是幸运的使者，给正陷在失意深渊中的哥伦布带来了天大的喜讯。

那位官员欣喜地向哥伦布道贺：“伊莎贝拉女王好比是一位女神，她对你发出了微笑。”

“我等待这个日子的来临已经有 17 年了。我发誓一定使这次航海圆满成功，以报答女王的知遇之恩。”

于是，哥伦布又回到了圣塔菲的宫廷。

伊莎贝拉女王一面对犹豫不决的斐迪南国王婉言相劝，一面就各项细节问题和哥伦布进行磋商。

最后，斐迪南国王终于被伊莎贝拉女王的热诚所感动。

“好吧！让我们来签订正式文件好了。”

斐迪南国王看过了协议书草案之后，决定在 1492 年 4 月 17 日举行签字仪式。

达成“支援航海计划”协议

协议书的内容，几乎完全照哥伦布的意思写成。

1492 年 4 月 17 日，在皇宫的大厅内，斐迪南国王和伊莎贝拉女王并排而坐，哥伦布缓步上前，站在国王夫妇前面，担任司仪的官员开始宣读协议书。

仿制的哥伦布时期古船

宣读完毕以后，斐迪南国王对哥伦布说："从今天起，你就是贵族唐·克里斯托夫·哥伦布了。我希望你立刻着手进行出航的准备，并衷心祝愿你顺利、成功。为了上帝和西班牙王国的名誉，请一定尽快地带回好消息。"

哥伦布退出宫廷，立即离开了圣塔菲城专程赶回了巴洛斯。

背景知识

伊莎贝拉女王

公元1492年，西班牙仿佛突然之间成了世界的中心。这一年，一个又一个的奇迹降临到伊比利亚半岛上这个饱经沧桑的国度。而这一切，显然应归功于女王伊莎贝拉一世和其丈夫斐迪南二世的努力。

在古代，西班牙不过是古罗马的一个省，外族入侵后开始建立了西哥特王国，疆域包括今天的西班牙和高卢的大部分。8世纪初，阿拉伯人跨越直布罗陀海峡征服了西哥特王国，建立了几十个“哈里发国家”。

8世纪末，法兰克人开始征服西班牙，也建立了一些封建小国。经过长期的战争兼并，12世纪以后，在伊比利亚半岛上，除了卡斯提耳和阿拉贡两个大国外，阿拉伯人还残存一个格拉纳达国家。如果卡斯提耳和阿拉贡能联合起来，就能击败格拉纳达，西班牙也就能完成统一大业。而卡斯提耳和阿拉贡正是通过伊莎贝拉公主和斐迪南王子的婚姻携起手来的。

在距现今马德里西北大约一百四十公里处有座寂静的村庄，叫马德里加尔，这就是昔日卡斯提耳国的王宫所在地。伊莎贝拉1451年4月22日就出生在这里，父亲是卡斯提耳王国的国王胡安二世。

伊莎贝拉虽然是国王的长女，但谁也没想到日后她会继承王位。因为当时胡安与其前妻已有了26岁的王太子恩利克，而且伊莎贝拉的母亲两年以后又生下了阿方索王子。

胡安二世体质孱弱，昏庸无能，在位期间，王公贵族专横跋扈，国势日益衰败。伊莎贝拉的母亲也叫伊莎贝拉，是葡萄牙王国的公主。胡安二世丧妻后，把她从葡萄牙娶来作为第二任妻子。

伊莎贝拉的母亲年轻漂亮，但生性暴烈，她不仅与王太子恩利克冰火不容，而且也看不惯滥用职权、胡作非为的宰相德·卢纳，与他针锋相对，处处为敌，最后终将不可一世的宰相送上了断头台。懦弱无能的胡安二世一贯胆小怕事，因此深受刺激，从此卧床不起，于1454年去世。

这时，伊莎贝拉公主3岁，弟弟阿方索才8个月。父王死后，王太子恩利克继位，称亨利四世。他昏庸骄狂，是个十足的昏君，当时欧洲人都称之为“无能的恩利克”。不久，他就把一向与自己不和的继母连同年幼的弟妹赶出了宫门。伊莎贝拉随母亲来到乡下，住在阿雷瓦洛堡，过着平民的生活。

屈辱和贫困使她的母亲渐渐变得精神失常。伊莎贝拉不得不肩负起照料弟弟和母亲的重任。这些挫折并不影响伊莎贝拉受到来自萨拉曼卡大学的老师们的良好教育。

1468年，对恩利克四世不满的贵族们拥立阿方索为王，一场兄弟之间的内战由此开始，不久阿方索突然死去，反对恩利克四世的贵族又抬出了伊莎贝拉公主来继续与之对抗。最后双方终于达成和议，停止内战，全体贵族都必须宣誓效忠恩利克四世，伊莎贝拉公主则成为王位继承人，但规定她的婚事必须得到王兄的批准。

十分有心计的伊莎贝拉公主派亲信侍从到各国去私访年轻王子。反馈回来的结论是，阿拉贡王子斐迪南品貌出众、英勇善战。伊莎贝拉便与斐迪南通信往来，最后终于私订终身。但恩利克四世却要把她嫁给葡萄牙鳏居的国王阿方索五世，企图把伊莎贝拉抓起来。于是，1469年，伊莎贝拉迅速同斐迪南王子订婚，然后借助阿拉贡的军队武力反抗王兄的干涉。这段历史看起来很戏剧化，却最终促成了西班牙国家的统一。

恩利克四世以伊莎贝拉不遵守协议为由，剥夺了她的继承权，改立他自己的女儿胡安娜为王位继承人，但由于恩利克性无能，多数贵族均怀疑胡安娜不是恩利克四世的亲生女儿。

1474年，恩利克死，伊莎贝拉和胡安娜均宣布自己继位，她们分别借助夫家力量，得到国内一部分贵族的支持。经过四年战争，葡萄牙军队被击败，伊莎贝拉终于坐稳了王位。

1479年，斐迪南也继承了阿拉贡国王位，两国合而为一，成为西班牙王国（但两国仍然维持各自独立的议会、法律和税制）。

伊莎贝拉思维敏捷，意志坚强。她与斐迪南共为国王，国内的反对派贵族大多已在内战中被清除，这使伊莎贝拉可以顺利地加强中央集权。她将市长委任权收归国王所有，设立神圣兄弟会武装控制市政生活，使议会形同虚设，摧毁贵族的城堡，没收贵族在恩利克四世时代所得的王室领地，并以对格拉纳达用兵为由，组织了一支效忠国王的常备军。从此，西班牙的王权达到前所未有的程度，一个强大而统一的海上霸主初具雏形。由于西班牙在此后一百多年里建立了霸权，伊莎贝拉的影响力也超出了伊比利亚半岛的范围，远达拉丁美洲、尼德兰等地。

此外，伊莎贝拉对历史影响的最大之处，是资助了哥伦布探险之旅。1492年，哥伦布的探险队终于到达北美洲的巴哈马群岛。新大陆的发现，给西班牙的发展带来了广阔的空间。此后一个世纪，西班牙依靠广阔的海外领地和源源不断的黄金输入，确立了世界霸权。

伊莎贝拉一生勤政，她的五个孩子全部在旅途中出生。伊莎贝拉总是身着一袭白衣，有“白衣女王”的雅称。

“西回”航行正式启航

“恭喜你，哥伦布！”在巴洛斯小山上的修道院里，贝雷士神父和院里所有的人都纷纷向哥伦布表示庆贺。

“我现在得开始做出航的准备了。”

1492年5月中旬的一天，政府的官员在广场上召集市民，下达了国王的命令——哥伦布航海所需的三艘船只及水手，应由全体市民共同协力，筹备完成。

巴洛斯的市民们听到这项宣告立刻产生一阵骚动，他们群集在广场上，大家议论纷纷：“虽然说是国王命令，也不能说要就要啊！一旦把船只交出去，恐怕再也收不回来了！”

“哥伦布这个人，恐怕脑筋有问题！印度明明在欧洲的东方，怎么反而横越大西洋往西走呢？”

“哥伦布说地球是圆的，只要一直往西走，就可以到达东方。”

“地球是圆的？那多可笑！我们是站着走路。如果地球是圆的话，那么，另一边的人岂不是倒着走路么？”

“是啊！倒着走路，不摔倒才怪呢！”

“哈哈……”

“再说，谁愿意到魔海去送死？给再多的钱，我也不干。”

惊涛骇浪

“国王怎么会相信疯子的话呢?”

“反正说什么我也不想参加。”

大家你一言我一语地议论不休。

当时的人们，都深信大西洋的另一边是一片魔海，会有魔女的歌声迷惑人的心智。在惊涛骇浪中，还会有可怕的巨龙袭击船只，一旦遇上巨龙或魔女，就绝无生还的希望。

所以，往大西洋的西方航行无疑是去送死，纵使有国王的命令或是巨额的赏金，也无法打动他们的心。人员和船只都无法顺利地调集起来，这使得哥伦布非常焦虑。贝雷士神父见此情形，又自告奋勇地拜访有影响力的人士进行说服工作，并促请宾逊兄弟助哥伦布一臂之力。

宾逊兄弟一直觊觎哥伦布的航海计划。

哥伦布看破了宾逊兄弟的这种企图，因此，他宁愿找其他的搭档，也不想借助于宾逊兄弟。

哥伦布为了调集船只和水手大约花了两个月的时间，四处奔走呼吁。但是，大家都异口同声地表示:“即使薪金再高，这种可怕的航海我们也不干。为了金钱而丢了性命，那才划不来呢!”哥伦布无计可施，心里非常焦急。贝雷士神父安慰他说:“我看，当今之计，唯有借助于宾逊兄弟了。他们既有钱，又有船，只要他们答应合作，一定有很多水手会追随他们的，这样事情就好办了！你认为如何?”哥伦布低头凝思，沉默不语。他对宾逊兄弟的野心委实担心。贝雷士看出哥伦布内心的顾虑，继续说道：“如果宾逊兄弟在航行途中不听指挥，或胆敢反抗，国王不会饶过他们的。让我来做个仲裁人，劝他们跟你好好地携手合作吧。”

刻有追随哥伦布远航船员名单的石碑

贝雷士神父马上去找宾逊兄弟商量，他对宾逊兄弟说：“哥伦布的这项探险计划确实是有见地，不但可以把上帝的福音传播到东方去，而且可以给我们国家带来巨大的财富。所以国王非常支持他，希望他能够一举成功。目前，唯一的困难是船只和人员的问题不容易解决，希望你们能够全力相助，将来的利益绝对少不了你们的一份，请你们好好地考虑以后，给我一个答复。”

宾逊兄弟俩都是富于冒险精神的航海家，秉性也很刚直，只是前些日子听到哥伦布的探险计划时，由于贪功心切，企图独自去完成壮举。这样一则为自己立功扬名，二来替国家开疆拓土。

但经仔细考虑，自身的学识、经验，毕竟不及哥伦布，如果撇开哥伦布而独自去探险，前途的困难很多，他们自知并没有多大的把握，倒不如彼此合作，这样对双方都有利。

等到贝雷士神父出去后，弟弟就对哥哥说：“哥哥，据我看，哥伦布的理想绝非凭空虚构，何况这项行动非常有意义，对国家、对自己都有莫大的好处，我们不如答应贝雷士神父的建议，和哥伦布进行合作。我打算把我的‘圣·玛利亚’号借给他。哥哥你也可以把你的‘尼纳’号加入进去，另外，我们可以先垫付一切费用，以后获得财富后，再按比例平分！就这么决定好了，赶快去通知贝雷士神父吧！”

在贝雷士神父的斡旋下，哥伦布和宾逊兄弟决定达成合作，宾逊兄弟同意提供两艘船只，并垫付哥伦布八分之一的航海费。

同时，他们又鼓起了如簧之舌，到处招募船员。

“参加这次航海，包管可以发大财。亚洲各地有取之不尽的黄金和珠宝。在这次航海中首先发现印度陆地的人，不但会获得女王的重赏，还可以得到一万马拉贝第士奖金呢。”在诱人的条件下顺利招募到了众多有经验并愿意去探险的水手。

哥伦布自己又另外租了一艘名为“宾达”号的船，现在总算有了三艘船以及经验丰富的水手，大致说来事情已经稍有眉目了。

“尼纳”号船

哥伦布发现新大陆的船只

如果以现代的标准来看，这简直是儿戏般的冒险，因为这三艘简陋的船，还不如现在的内河或沿海航行的木船。

“宾达”号和“尼纳”号的长度仅约18米，船首和船尾都建得高高的，虽然有了望楼和船室，但是没有甲板。

哥伦布的座船“圣·玛利亚”号

“圣·玛利亚”号大一点，虽然有甲板，但也只是两三百吨的小帆船。

以这样简陋的船只向狂涛骇浪的大西洋进发，在一般人的心目中几乎是绝无成功可能的冒险。

通常一个探险家的身边总有一些志同道合的伙

伴，或是忠贞可靠的部下，哥伦布却一个亲信部下都没有。在宾逊兄弟的大力招募下，总算募到120位船员。

这些船员虽然有航海的经验，但多半存着迷信心理和恐惧心理，他们应征前来，一半看宾逊兄弟的情面，另一半是被巨额赏金所吸引。

假如一路顺利平安，那还无所谓，万一途中遇到困难而引起叛变，那真是不堪设想！

哥伦布率领这批人从事航海探险，好比是带领着一群虎狼。

哥伦布的伟大就在此。他不忧不惧，凭着信念勇往直前。因为有两股力量在支持着他：

第一，就探险所需天文、地理、气象、测量术等方面的知识而言，在当时的航海家中，哥伦布是最优秀的人才，凭他多年来的丰富经验，他深具信心。

第二，哥伦布具有虔诚的宗教信仰，他自问不为私利而是希望向东土传播基督福音，神选定了他，就必定会协助他完成任务。

哥伦布坐镇“圣·玛利亚”号，负责指挥。宾逊兄弟的哥哥马丁·宾逊搭乘“宾达”号，弟弟文生搭乘“尼纳”号。

这三艘船只从外形看来，比较适合于风平浪静的地中海，以这样的船只渡过大西洋，令

哥伦布起程

人有种脆弱而不太可靠的感觉。但是，他们没有足够的金钱和时间来建造大船，而且，经费也必须尽量节省。

大豆、面粉、熏肉等食品，以及水、葡萄酒和武器等物品陆续地运上了这三艘船。一百多名水手和宫廷派来的船医、记录员、领航员等一应人手，也都到齐了。

1492 年 8 月 3 日（星期五）的黎明，所有的出航准备工作已经全部就绪。辉煌的“大航海时代”就在这天早晨揭开了序幕。

“上帝啊，保佑这个船队吧！”贝雷士神父的祈祷声，在晨雾笼罩下的巴洛斯港码头上空回响着。

在一片告别声中，传出了船员们的啜泣声。除了哥伦布和宾逊兄弟以外，出于自愿而参加这趟航海的水手可以说屈指可数。一旦出了海以后，他们也许永远也不能和自己的亲人再度见面了。

“喔——咿，出航啦！上帆！拔锚！”哥伦布站在“圣·玛利亚”号的甲板上，凛然发号施令。三艘船的船队，扬起画有十字的布篷，缓缓地驶离了巴洛斯港。

船队穿过了地中海，进入大西洋。哥伦布命令舵手驶向南方的西班牙属地加那利群岛。

加那利岛在非洲西海岸，是金丝雀的原产地。

“这是为什么呢，哥伦布提督？我们要横渡大西洋笔直西行，应该是向亚速尔群岛行驶才对呀。”领航员满脸狐疑地说。

“难怪你有这样的疑问，我是根据多年来的调查研究，知道这一带海风的种种变化，所以才这样做的。照理说，我们是应该向亚速尔群岛方向航行，但在目前这个季节，风向刚刚相反，若是往西而行，反而会被风吹向葡萄牙去。我决定先驶往加那利群岛，是因为那里的风向正好可以把我们的船推向西方。”哥伦布细心地跟舵手解释。

“原来如此，提督的经验如此丰富，真令人佩服！”领航员赞佩地说。

这一带海域的问题，哥伦布无不了如指掌。在哥伦布的指挥下，船队顺利前行。

没想到，8 月 6 日早上，“宾达”号突然发生了故障。

“宾达”号船

原来是舵轮松脱了，有迹象显示很可能是对这次航海感到不安的水手为了急于返回西班牙而做的手脚。

幸好船长马丁·宾逊利用绳索缚住了松脱的舵轮，问题才得以解决。

可是，到了第二天，舵轮又再度脱落，同时船尾部分也进了水。

“宾达”号的速度骤然减缓下来，“尼纳”号和“圣·玛利亚”号也不得不跟着减低航速，在海上缓缓而行。

哥伦布独自站在“圣·玛利亚”号的甲板上，手扶栏杆凝望着远方，陷入沉思中：“宾达”号连同船上船员都是靠了官方的强制才订立了租约。船员都是贪图巨额赏金，多少有几分强迫性质，真正出于自愿的可以说一个也没有。在出航以前，船上的设施都曾经详细地检查过，现在才出海三天就发生这样的事故，分明是有人在捣鬼。他们一定是想制造借口不参加这次的冒险，今后我得特别小心才行。我无论如何一定要完成任务。纵使船队从三只减为一只，我也决不半途而废。

历尽艰险的航程

哥伦布的船队经过了七天的航行，才到达加那利群岛的大加那利岛。哥伦布原本打算在这岛上找另外一只船来替代“宾达”号，结果却没有找到。

哥伦布的船队

葡萄牙大帆船

“没有办法了，在‘宾达’号尚未完全修复以前，我们暂停航海，请你尽全力赶快把它修好。”哥伦布吩咐马丁·宾逊船长说。

从1492年8月10日到31日这21天之间，宾逊拼命地督促着水手们，进行换装新舵轮和修补漏洞的工作。

只因为损坏了一只船就白白地浪费了21天。这些耽误了的时间，今后得设法补回来才行。

为了使“宾达”号船能够增加速度航行，原有的大三角帆被换成了四角帆。

1492年9月1日早晨，三艘船又再度出航。

离开了大加那利岛之后不久，前面出现了德奈利夫岛。这是一个火山岛，岛中央的德奈利夫火山爆发，火山岩浆夹杂着浓烟喷涌而出。

水手们看到这种情形，纷纷不安地嚷了起来。

“这一定是上帝生气了!”

“可能是有什么灾难要发生吧。”

“世界末日到了!”

哥伦布见他们越说越离谱，就严加训斥说：“这只不过是火山爆发的现象罢了，有什么好害怕的！你们这样动不动就大惊小怪，怎么能从事长途的航行呢?”

当“圣·玛利亚”号在9月5日早晨驶出哥米拉岛的港口时，从希叶罗岛的方向迎面驶来了一艘悬挂西班牙国旗的船。“停停，有要事相告!”这艘船打出了信号。

悬挂着西班牙国旗的这艘船，从船上放下了一只小艇向这边划了过来。

“哥伦布提督在吗?”乘着小艇而来的船长焦急地问。

“我就是哥伦布。请问你有什么事?”哥伦布严肃地低声询问道。

“希叶罗岛附近有三艘葡萄牙船在那里埋伏，准备拦截你的船队，请务必小心防备。他们奉有葡萄牙国王捉拿你的命令。”船长答道。

“谢谢你！他们这种做法真是太卑鄙了！我投奔了西班牙才有机会出航，他们竟如此狠毒，派人暗算我!”哥伦布向这位船长郑重地道了谢。

“葡萄牙国王之前既然拒绝我的要求，现在又要来向我寻衅，简直是蛮不讲理！他要抓我，可没那么容易!”哥伦布眼神中透出坚毅的目光。

哥伦布向“尼纳”号和“宾达”号分别传了话：“前有葡

萄牙船埋伏，小心前进!”

9月8日是星期六，“圣·玛利亚”号的航海日志是这样写的：“……深夜三时，开始刮东北风，航向正西，船头有大浪，船行迟滞，进度极小。日夜合计，仅只前进9里克（英国古代计算单位，一里克约4.8公里）。”

最让哥伦布担心的就是葡萄牙舰队的威胁。幸运的是，哥伦布的船队并没有被葡萄牙舰队发现并安全通过了加那利群岛西端的希叶罗岛附近海面。

在希叶罗岛完全消失不见之后，水手们开始为一种莫名的恐惧所笼罩。从船上举目回顾，映入眼帘的，只有空荡荡的大海、无边无际的天空。此后，他们要在这没有海图、也没有人到过的陌生的海上继续航行。离开欧洲越远，水手们心中的不安就越为强烈。

船员们都在窃窃私语，如今离亲朋以及自己的家人越来越远，何年何月才能重返故乡？西方的魔海会不会把我们连船带人一起吞噬掉？父母、妻子、儿女终日盼望我们早日回家团聚，这有可能么？万一我们都葬身魔海，我们的亲人该如何的伤心!

船员们一个个净往坏处想，越想越可怕，有的泪流满面地低声祈祷，祈求神灵的庇佑；有些懦弱胆怯的竟然放声大哭，捶胸顿足地、悔恨不已。

哥伦布看到这种情景，唯恐他们控制不了情绪而群起反抗，把船驶回欧洲，以至于前功尽弃。于是不得不费尽口舌去安慰、鼓励他们：

“你们都是富于航海经验的好男儿，大家要保持海上男儿的本色，拿出勇气来，没有克服不了的难关。东方有天堂般的乐

哥伦布在鼓励船员

园，那里有无尽的黄金和珍宝等待我们去发掘、开采；那里的气候温和，到处是奇花异草和茂密的丛林，并且出产许多名贵的香料。努力吧！当我们顺利成功、满载而归时，国王还会有重重的奖赏呢！”

哥伦布这番话，倒不是信口雌黄，乱吹一通，在他的海图上记载得很清楚，大西洋的对岸就是亚洲大陆，旁边是日本。

哥伦布的目标是黄金之国中国以及日本、印度，在他的想象中，很快就能到达这些地方的。

可是，他把地球看得太小了。他做梦也没有想到还有美洲大陆和浩瀚无垠的太平洋横亘其间呢！

不过，假如他当时了解这一事实的话，决不敢贸然地冒这么大的风险。所谓错有错着，首先发现大陆的不朽荣誉，竟然是因为错误判断而带来的。

哥伦布为了缓和船员们的不安和恐惧情绪，不得不煞费苦心地制作两种航程表：一种是正确的航程记录，留在自己身边；另一种是打折扣的数字，公布给大家看的，希望借此使大家安心航行。

当他们航行到离希叶罗岛西方约 230 公里附近时，却发现有沉船桅杆。

“啊！有一块桅杆的碎片漂过来了！”

守望员大声叫了起来。大家闻声一看，果然在波浪间漂浮着一些大约属于120吨级帆船的桅杆碎片，也许这是来往于非洲西海岸的一艘葡萄牙船。

“我们的船会不会也遭到同样的命运？”

船员们一路上都是战战兢兢的，如今看到沉船的碎片，一致认为更接近恐怖的魔海了，个个吓得脸色苍白、胆战心惊，浑身哆嗦。

船队在满帆东风的推动下，一路向西前进。海上的风温暖而舒畅，令人想起了西班牙的初夏。

哥伦布航海的时代，观测天文、气象的仪器都十分简陋。用罗盘针虽然可以测出船行的方位，但当时的罗盘构造仍非常简单，就连磁石也是几年前才发现的。

哥伦布航行用的罗盘

9月13日，哥伦布首先发现磁针出了毛病，他为了避免引起船员们的骚动和不安，所以秘而不宣，独自研究其症结所在。

不料，有一天这件事被掌舵的水手发现了，他大声地惊呼道：

“怎么没有指向北极星呢？”

他这一嚷，把全船的人都吸引了过来。

“说不定是魔女把磁针给拉住了！”

“那怎么得了？我们真的已经进入魔海了！”

“没有磁针指示航线，怎么还能继续航行下去？那太危险了！”

“趁早回航吧！万一触礁，怎么办？”

大家正在七嘴八舌争吵不休时，哥伦布走了过来，打断了他们的争吵。

“船长！磁针出了毛病，难道是假的么？”水手慌忙问哥伦布。

“是啊，磁针的一端是指向南极，一端指向北极，这样子才能辨别方向，如今有了差异，将如何辨别正确的方向呢？”哥伦布耐心地解释。

背景知识

指南针

指南针也叫罗盘针，是我国古代发明的利用磁石指极性制成的指南仪器。因此，介绍指南针必须从磁石说起。

磁石通常称为“吸铁石”，它可以把许多铁屑紧紧吸在一起，就像一个慈祥的母亲吸引自己的孩子，所以人们也称它为“慈石”。磁石吸铁是因为每块磁石两头都有不同的磁极，一头叫正极，另一头叫负极。人类居住的地球也是一块天然大磁铁，地球的南北两头也有不同的磁极，地球的北极是负磁极，地球南极为正磁极。根据同性磁极相排斥，异性磁极相吸引的原理，拿一根可以自由转动的磁针，无论站在地球的什么地方，它的正极总是指北，负极总是指南。

战国时期，人们利用磁石指示南北的特性制成了指南工具——司南。但是，战国时期的司南究竟是什么样子已无法考证。后来，人们根据史书记载以及地下出土的汉代地盘实物制成了一个司南模型。地盘是青铜做成的，内圆外方，中心圆面磨得非常光滑，以保证勺体指示方向的准确性。中心圆外围依次布列八卦、天干、地支和二十八宿，共计二十四个方位。地盘中心的小勺是用整块的天然磁铁磨成的，磁铁的正极磨成司南的长柄，勺头底部是半球面，非常光滑。使用时先把地盘放平，再把司南放在地盘中间，用手拨动勺柄，使它转动，等到司南停下来，勺柄所指方向就是南方。这种勺形司南直到8世纪时仍在应用。

罗 盘

到了宋代，劳动人民掌握了制造人工磁体的技术，又制造了指南鱼。指南鱼是把薄钢片剪成鱼形，长2寸，宽5分，鱼的肚皮部分凹下去，使鱼像船一样能浮在水面上。然后把鱼和天然磁铁放在一起，由于磁体的吸力，钢片受磁感应也具有磁性。这种人工传磁方法制成的指南鱼比使用司南方便多了，只要有一碗水，把指南鱼放在水面上就能辨别方向了。经过长期的改进，人们又把钢针在天然磁体上摩擦，钢针也有了磁性。

这种经过人工传磁的钢针可以说是正式的指南针了。

我国不但是世界上最早发明指南针的国家，也是最早将指南针用于航海的国家。11 世纪末，指南针开始用于航海，从事航海的人们已经普遍地掌握了指南科学知识。随着指南针在航海上的广泛应用，指南针装置本身也得到了改进。南宋时开始把磁针与分方位的装置组装成一个整体，这就是罗盘。到了元朝，又有人造出立针式的指南龟和指南鱼。

指南针的发明和应用，不仅使人们克服了远航时不易辨别方向的困难，而且推动了世界航海事业的发展和文化交流。南宋时，一些阿拉伯商人和波斯商人经常搭乘我国的渔船往来贸易，他们学会了指南针的制造方法，同时又把这个方法传到了欧洲。到了 12 世纪末 13 世纪初，阿拉伯和欧洲一些国家才开始用指南针来航海，比起我国已经迟了一百多年。

哥伦布心想：对这些无知、愚昧而又迷信的水手，还真得费一番口舌去好好指导他们，不能一味地压制，否则反而会出乱子的。

于是，他耐心地向他们解释说：“磁针是指着地球北边的某一个地方，并非是专指向北极星而已。你们不要以为北极星是一动都不动的，其实它和别的星星一样，多少会有点变动的。这种天文学上的知识，非常深奥，一时也说不清楚。不过，北极星的位置会有变动，这是确定无疑的事实。既然它的位置会稍有变更，那么磁针的方向当然也会略为歪向一边，这是必然的道理，并不值得大惊小怪，大家安心好了。”

船员们对哥伦布渊博的知识颇为佩服，他那深入浅出的解释多少起到一点安抚作用。可是心里的不安一时之间仍然无法完全消除，他们将信将疑地盯着磁针发愣。

船队继续向西航行，有天晚上，一位船员大声地嚷着说：“好大的火球接二连三地往海里掉，这地方看来要变成火球之海了！”

其实，他们所看到的是流星雨。诸如此类的事情在航行途中屡屡发生。

9 月 14 日，旭日从东方升起，把海面映出万丈光芒，天上连一片云彩都没有，周围是一片寂静，没有一点儿风，白帆在桅杆上无力地下垂，船身无法前进。

燕 鸥

到了傍晚，在“圣·玛利亚”号的周围出现了一些飞鸟，有燕鸥、大海鸥，这些海鸟通常是不会飞出距离陆地数百里以外的。由于这些鸟类的出现，燃起了水手们的希望，他们个个欢欣不已。

夕阳西下，暮色低垂，群星开始在夜空闪烁，好一幅美丽的海上景色。

这时候，东方有微风吹来，在星光下的船队缓缓地向西航行。

第二天清晨，他们发现有绿色的杂草从西方水面漂来，这些杂草多半是生长在岩石缝中的。从它们鲜绿的颜色看来，似乎是从附近漂来的。

“你看，这些草都是生长在陆地上的，而且又是那么新鲜，想必我们距离陆地不会太远了！”

“我昨天还看到一种热带地方的白色小鸟，我敢打赌，那不是倦了在水面休息的海鸟，一定是陆地上飞来的。”

哥伦布之旅所用的徽章

船员们备感兴奋，精神为之一振，他们甚至把远方的云层误认为是陆地而高声欢呼，当他们看清是云堆时，又有些颓丧。

9 月 16 日，船员们又发现了很多小鸟掠过船的桅杆，接着在船的四周出现一大群鲔鱼，水手们争着垂钓，并嚷着说：“附近一定有大岛或是陆地，来啊，看谁最先发现陆地，谁就能领得巨额奖金，大家试试运气看。”

第二天，船的周围漂来了更多的海藻。

哥伦布直觉有些不安，因为古代哲学家亚里士多德的著作里曾经有关于“海藻之海”的记载。

据说在北纬 20°到 25°，西经 40°到 75°之间的海面上布满了海藻，船只如果进入这个海藻区，就会被海藻缠住，动弹不得，直到所有船上的人被困死在那里为止。

哥伦布自己虽然担心，却不敢把这种传说让船员们知道，否则后果将不堪设想。

哥伦布表面上不动声色，并把测量深度的铅锤投入海中，表示海水很深以使船员们安心。

可是，微弱的东风又静止下来，四周的沉寂以及炎热的天气使人们的情绪又开始激动起来了。

哥伦布不断地为他们打气：“我们寻求的陆地目前还不是很近，不过，我相信不久后就会在这个方向出现的。据我判断，风向很快就会转变。振作起来吧！”

果然，将近傍晚时分，阵阵的西南风鼓满了布帆，船队又前进了。

背景知识

大航海时代

大航海时代，又称地理大发现，指在15世纪至17世纪世界各地，尤其是欧洲发起的广泛跨洋活动与地理学上的重大突破。这些远洋活动促进了地球上各大洲之间的沟通，并随之形成了众多新的贸易路线。伴随着新航道的开辟，东西方之间的文化、贸易交流大量增加，殖民主义与自由贸易主义开始抬头。欧洲则在这个时期快速发展并奠定了超过亚洲繁荣的基础。人们不仅在这个时代中发现了新的大陆，增长了大量的地理知识，也极大地促进了欧洲的海外贸易，并成为欧洲资本主义兴起的重要环节之一。而新航道对世界各大洲在数百年后的发展也产生了久远的影响，对除欧洲以外的国家和民族而言，地理大发现带来的影响也是复杂而矛盾的。

第四篇　发现新大陆

天才，就是别人认为毫无价值的不毛之地，你却能挖掘出黄金和甘泉来。

——哥伦布

抵达陆地

乘风破浪的船队

船队继续向前航行。

1492年9月19日早晨，有一只鲤鱼鸟飞来，停在“宾达”号的桅杆上。这时空中正下着毛毛细雨，视线不太清楚，但显然前面有一些小岛。

理由是这种海鸟，不会飞离岛屿二十里以上。

“船长，我们查查这附近的岛屿吧。”“宾达”号的马丁·宾逊，大声地向“圣·玛利亚”号说。

这个地点，距离加那利群岛约有四十二里。

“不，还是继续前进，等到我们发现了印度之后，在回国途中再勘查也不迟。如果在这里拖延了时间，恐怕风向会转变。”哥伦布回答说。

此行的目的地是印度，他们必须赶路，实在没有工夫在途中的小岛上一一停留。

过了几天后，开始刮起了东北风。

“强烈的风都是从东方吹来的，现在我们一直往西走，将来怎么能回西班牙?”

“这种风如果不停地刮，就休想再回故乡了!”

“这捉摸不定的魔海，真令人恐怖!”

水手们又开始惶惶不安起来了。

哥伦布只得鼓励他们:“风向不久后就会转变，不要总是在那里杞人忧天。你们这样也算是西班牙的水手吗? 真是没出息!”

两天之后，果然如哥伦布所说，风向又转为西北，水手们这才放下了忐忑不安的心。

但是，航行了没有多远，船队又发现了海藻，愈往西去，海藻愈多，几乎整个海面都被海藻覆盖着，海藻缠住了船身，使船行的速度减缓了下来。

这时，哥伦布真的有点慌了，难道真的进入了传说中的“海藻之海”了么? 果真如此的话，那就一切都完了! 主啊! 我

海面上漂浮的海藻

们还要把主的福音向东方去传播，恳求主保佑我们，协助我们吧！

哥伦布喃喃地默祷，同时却见到船员们三三两两地聚在一起窃窃私语，有的还时不时地偷窥哥伦布一眼，一副诡异的神色。

“我坐了四十年的船，这种海还是头一次碰见。”

“谁说不是呢？我也是第一次遇见这种倒霉的海。”

“在这种地方被海藻封死，那才叫冤枉呢！”

“我们听从哥伦布的花言巧语乖乖地航行下去，绝不会有什么好结果的，就算真的发现了新大陆，得到了黄金，回不了西班牙，又有什么用？我们干脆联合起来，停止航海吧。要回去的话，现在还来得及。”

水手们的计议，很快地传递到了舱内。哥伦布并非不知道水手们正在酝酿叛变，但是，他怕刺激水手们的情绪，暂时采取了观望的态度。

船在海藻缠绕中奋力地挣扎，幸好这时风势加强，这三艘探险船总算挣脱了这一带布满海藻的水面，继续向西航行。

哥伦布如释重负般地仰天舒了一口气，心中默祷主耶稣基督的庇佑。

这时候，船员们的情绪也逐渐地平稳下来。

当天晚上，哥伦布独自坐在船长室里沉思。他凝视着桌上的海图，心想："照海图上所示，陆地应该是不远了，可是，在没有发现陆地以前，船员们的情绪始终不稳定，当他们看到海藻出现时，那种惊恐的神态委实令人担心！若不是风势转强，及时脱离困境，真不知道会演变成什么样的情况！瞧他们的行径，似乎精神压力越来越大，随时都可能发生变故。我有重大的使命在身，必须尽力突破任何艰难险阻，决不能中途退缩。"

已届中年的哥伦布始终没有气馁，9 月 25 日，船队已经脱

海上落日的美景

离了海藻浮现的海面，风向又转为东风。傍晚时分，夕阳西沉，彩霞满天，一幅诗情画意般的美景。

哥伦布炯炯有神的双眼凝视着即将西沉的夕阳，他没有闲情逸致欣赏这黄昏景色，而是憧憬着未来的一切，心头不免略微地紧张起来。

“圣·玛利亚”号迎着落日，乘风破浪地向西疾驶，“宾达”号和“尼纳”号在后面紧紧跟随。

不多一会儿，“宾达”号由于船型较小，速度较快而驶到了“圣·玛利亚”号的前面。

哥伦布微笑地望着“宾达”号的船身正出神的时候，突然听到马丁·宾逊大声地嚷叫起来：“有陆地，我看见陆地了！头一个发现陆地的奖金是我的了！”哥伦布连忙向暮色苍茫的水平线望去。

不错，确实有一抹似是陆地的黑影浮现在远方的海面上，哥伦布立即跪了下来，向上帝祈祷谢恩。

船员们个个欣喜若狂，有的敏捷地爬上桅杆眺望、有的互相拥抱高歌、有的兴奋得泪流满面跪地祈祷。暮色苍茫中，在西方的水平线确实有陆地的影子，模模糊糊地显现在那里。

“明天就可以登陆了，今晚请大家轻松一下吧。”

哥伦布吩咐厨房，让水手们喝酒庆祝一番。大家先前的烦恼一股脑儿地消失了。

哥伦布满怀喜悦和对神灵护佑的感激，他命令掌舵的船员把船驶向西南方。三艘船的布帆鼓满了风，向西南疾驶而去。

满天的繁星在船员们的眼中，就像是即将被他们采摘的珍珠、宝石，大家兴奋得整夜都未曾合眼。

天色微明，大伙儿迫不及待地跑到船头去眺望。奇怪！怎么昨天晚上看到的陆地却又不见了呢？

原来，他们把黄昏的晚霞误认为陆地，整夜编织的美梦顿然幻灭，太令人泄气了！

“空欢喜一场，多扫兴！”

“真不是味儿！”

由于希望太大了，失望的打击也来得特别深刻。

哥伦布还是一天又一天地把船队带向西方。

船队的上空依然有海鸟在飞来飞去，而四周的海面也有成群的海豚在嬉戏跳跃，海上的风浪显得格外平静。

然而，水手们和哥伦布的心情却都无法保持平静。

原本对这次航海充满自信的哥伦布现在也开始有点动摇了。按计划预定的航程，都已经走完，照理说，印度的岛屿或大陆应该出现才对。

“是不是航路有错误？”哥伦布也开始怀疑。哥伦布的脾气虽然有点暴躁，但他是一个有虔诚信仰的人，他能克制自身的脾气。

从这次出航开始，哥伦布每天都集合船员们在一起祈祷，给予他们精神

哥伦布在船头眺望

支持。同时，他也曾向船员们许下诺言，谁要是先发现陆地，他就请求国王颁给谁巨额奖金。在精神与物质的双重鼓励下，一路上没有再发生变故。

可是，船员中有些刁滑之徒，偶尔看到水天相接的西方飘浮着的乌云或是黄昏时的晚霞阴影，就会大声嚷叫："陆地，陆地！是我先发现的。"他们暗忖，万一碰巧真是陆地的话，奖金就归他所得了。

有时候，这种投机分子的乱嚷，固然可以引起船员们的哄笑，作为枯寂海上生活的调味剂。但是，哥伦布却不这么想。他认为，这种经常欺骗大众而取乐的行为，会使船员们因屡次失望而情绪更加沮丧，严重的话，甚至会酿成不堪想象的变故，必须加以制止。哥伦布向全体船员宣布说："如果有人说发现了陆地，但是三天之内，仍然看不到陆地的话，即使他真的最先发现，也不能领取奖金。"

老练成熟的船员对哥伦布的这项决定都表示支持，认为他处理得非常正确、合理，心中对他格外地崇敬。

10 月 1 日，他们已经到达了距离希叶罗岛七百里克的地点。但是，哥伦布却向大家说是只航行了六百里克不到。船队继续前进，航向依然是正西方。

马丁·宾逊忍不住从"宾达"号上叫着说："提督，请把航向稍微偏向西南吧!"

哥伦布大声地回答："难道你不去印度了吗?"

"这个……"

"如果你不是这个意思的话，就应该服从我的指挥。我可以肯定地告诉你，目的地已经不远了。"

哥伦布之所以如此地肯定是有理由的。因为10月7日，他们的船队已经向西航行了八百六十余里克，照理说，应该快要到达目的地了。

哥伦布抬起头来，看到由北往西南飞掠而过的鸟群，更是信心十足，他大声地对马丁·宾逊嚷着说："当年葡萄牙的航海家就是看见飞鸟而寻迹，终于发现了许多岛屿，现在我们要改变为西南西的航向了，大家鼓起勇气，努力前进吧。"

尽管哥伦布满怀信心地为大家打气，可是，每天极目所见依然是无涯无际的汪洋大海。

天天盼望，天天失望，船员们实在等得有些不耐烦了。

几位性情暴躁的船员再也按捺不住，他们冲进船长室吼着说："我们已经无法忍受了！你说的陆地在哪里？每天见到的都是水、水，根本就没有陆地的影子。你究竟想把我们带到哪儿去？把官员和船长统统丢到海里去喂鱼，我们要回航。"

满怀信心的哥伦布

哥伦布看他们来势汹汹，只好耐着性子向他们解释说："我知道你们内心的焦急，开航以来，大家都发挥了最大的耐心，我很感谢大家的合作。"

接着，他把海图摊开，继续说道："依照海图所示，我们的目的地已经不远了，请大家不要因一时的意气用事而前功尽弃！坚定的信心和不屈的毅力，才是成功的要素。”

这种鼓励的话船员们已经听得太多了，他们情绪激动地说：“哼！你想欺骗我们到几时？已经航行了两个多月，始终没有看到陆地的影子，你光是空口说白话，骗得了谁？”

哥伦布被他们抢白了一顿，心里实在有气，他板下脸说道：“我是奉了国王的命令行事，自信没有错误，你们怎么可以说出如此无礼的话？”

船员们依旧不甘示弱地说：“事实总是事实，你能否认么？每天看到的都是天连水，水连天。如果你能告诉我们一个可以到达东方的确切日期，即使再等一两个月，我们也能忍耐，这种遥遥无期的等待，任凭有多大的耐性也会受不了的！”

哥伦布望着这些船员，认为他所说的倒也合乎情理，于是毅然地对他们说：“好吧！照我计算，目前我们的位置应该快接近日本了。我们就以三天为期，如果三天以后仍然没有发现陆地，就任凭你们处置，你们要回西班牙也好，甚至杀了我，也无怨言。”

船员们听他这么一说，也不好再有什么粗暴的举动，悻悻地退出船长室。

哥伦布疲乏地躺下去，合上双目，静静地沉思。三天，短短的三天能不能如预计的一样到达日本呢？万一海图有错误，到不了日本，那么未来的命运如何？只有求助于主耶稣的庇佑了。

船队又向西航行了一天，仍然看不到陆地的影子，黄昏的落日沉入西方的水平线下，约定的第一天就这样悄悄地流逝了。

再过一天，晴空万里，能见度极高，偶尔也有几只飞鸟掠过桅杆，但放眼四望，除了一望无际的海空外，四周寂静得可怕。

耶稣画像

哥伦布站在甲板上凝望着西方的落日，内心真是百感交集，一阵凄楚袭上心头。

回忆起十多年来，他一直为理想而奋斗，曾经受到多少的讥嘲和辱骂，付出了多少的辛劳和汗水，难道就此化为乌有吗？个人的生命不足惜，可惜的是自己的崇高理想，将永远无法实现，主耶稣会舍弃他吗？

想着想着，不觉夜色已深，只有满天的星斗不忍离开似的陪伴着他。这时候，秋意甚浓，哥伦布打了一个寒噤，慢慢地踱回船长室。

现在，只剩下最后一天了。

天色微明，哥伦布拿着望远镜，以迫切期待的心情向西方瞭望。

船员们三三两两地聚在一起窃窃私语，心地较为善良的船员，用同情的眼神望着哥伦布的背影，默默地在心中为他祈祷。

接近中午时分，仍然看不到陆地的影子，有些船员开始粗鲁地揶揄道：

“船长，我看是没有希望了，你还是认输回航吧！”

“今天是最后的一天了，难道会出现奇迹吗？”

“船长，只要你回心转意，答应回航，我们也不忍心让你难堪的。”

“船长，不要太固执，免得大家伤了和气，把事情弄僵了反而不好。”

哥伦布任由他们七嘴八舌地揶揄，始终不为所动，他还瞥见几个粗暴的船员竟然手抚腰间佩刀的刀柄，目露凶光地瞪着自己。哥伦布料定他们一时之间还不敢行凶。如果真的杀害了哥伦布的话，将来回国以后也是难逃死罪的。

哥伦布以坚定的语气告诉他们说：“我和你们约定以三天为期，要到今天晚上十二点才满三天，在期满以前，我们仍该继续前进，绝不能半途而废。”

这时候，船头的那边，突然传来兴奋的欢呼：“大家快来看，快来看啊！”这几个企图滋事的船员马上拥过去，大声地询问：“看什么？到底发现了什么？”

有一名船员指着水面上漂浮的木板说：“那块木板上，好像有雕刻的花纹呢。”

“快把它捞上来。”于是，大家七手八脚地把那块木板捞了上来。

哥伦布对这块木板仔细地端详了很久，上面雕刻着奇形怪状的图案。他判断这的确是人工雕刻的东西。

“是人工雕刻的东西，那么，这里离陆地一定不远了！”

“当然了，要是离得远的话，怎么会漂到这里来？”

“太好了！陆地就在眼前，谁先发现，谁就可以领赏。”

“大家努力吧，好运快来了！”船员们七嘴八舌地说着。

于是，全船骚动了起来，有的敏捷地攀上桅杆、有的站在甲板上眺望，每个人的心中都燃起希望的火焰。这时候，又有人发现带着果实的树枝以及连根的芦苇，这些发现让大伙儿的信念更为坚定了，每个人都喜上眉梢，过去的怨气都被抛到九霄云外。

当天傍晚，哥伦布依照惯例在甲板上集合全体船员做完祷告以后，向大家宣布说："我们从巴洛斯出发到现在已经两个多月了，仰赖神的庇佑，一路上都很平安，我们应该衷心地赞美神、感谢神。现在，陆地已经逐渐接近，我们伟大的任务即将接近完成，我们的努力和付出的辛劳，很快就能获得回报。大家务必注意瞭望，谁先发现了陆地，除了可得到国王的奖金外，我个人也将送他一件礼物作为纪念。在这关键性的时候，可不能松懈啊，大家努力吧！"哥伦布说完以后，立刻引起一阵欢呼，全船充满了欣喜的气氛。

刻着三艘舰船船员名字的石碑

时间一分一秒地消逝，几颗稀疏的星星在天边闪烁，光线逐渐地黯淡下来，却不见陆地的影子，攀在桅杆上瞭望的船员疲惫地滑下桅杆，颓丧地躺在甲板上。

其他的船员也逐渐由兴奋转而沮丧，纷纷嚷着说："恐怕又是一场空！上当已经不止一次了！说什么也不再相信他那套骗人的鬼话了！"

距离约定的三天期限，只剩几个小时了。

哥伦布如同石像般伫立在甲板上，向黑暗的海面眺望，他目不转睛地凝视着前方，好像一不留神，陆地就会溜走似的，心头有说不出的紧张。

他抬头仰望夜空，云层浮动，星光闪烁，这时距离午夜只有两个小时了。他疲乏地打了个呵欠，伸了个懒腰，下意识地走向船头，心情是无比的沉重。

海面上昏黑一片，远处似乎有微弱的光线闪了一下。“那是什么?”哥伦布把眼睛凑近了望远镜，仔细地搜索着。

“也许是看花了眼。”哥伦布不敢相信自己的眼睛。于是，哥伦布请宫廷派来的官员葛吉艾利斯到甲板上来，对他说：“我好像看见了一丝火光，请您再确认一下，喏！就是这个方向。”

葛吉艾利斯揉着惺忪的睡眼朝着哥伦布所指的方向定睛一看：“距离太远，看得不太清楚。不过，好像是蜡烛火光。”

这个火光，闪了几下就又消失不见了。

“神并没有辜负我们！那显然是陆地的所在，而且还有人居住。”哥伦布以充满自信的语气说。

多年来的航海经验使他有了这种预感。

哥伦布立刻吩咐加强瞭望，四周虽然仍是一片沉寂，但是，船上却骚动不安。

“有火光就有陆地。”

“船长和葛吉艾利斯都亲眼看到是火花，绝对假不了。”

“哼！他们想陆地都快想疯了，准是幻觉!”

“对，不然就是他们眼花!”

船员们争论不休，有的兴奋得大叫、有的却在一旁泼冷水。

船队朝着火光的方向疾驶，哥伦布已经疲惫不堪，心中仍在默默地祈祷，蹒跚着走进船舱，躺在木板床上，等待着命运的安排。

子夜一过，时间来到了1492年10月12日，星期五。

8月3日从巴洛斯港出航的那天也是星期五。途中由于“宾达”号的故障，耽误了三个礼拜，全部航程差不多是七十天。

10月12日凌晨2点，轰隆……轰隆……

“宾达”号上空响起了发现陆地信号炮的轰鸣声，哥伦布蓦地从床上一跃而起。

全船一片欢呼声……有人互相拍着肩膀拥抱在一起、有人跪在甲板上喜极而泣、有人扛出了大酒坛……

船上响起了赞美诗悠扬的歌声，银白的月光从云端倾泻而下，把岛影明显地照映了出来，这确确实实是一块陆地。

登上圣·萨尔瓦多岛

1492年10月12日，三艘船总共有120名船员，其中首先发现陆地将可获得一万奖金的幸运者是“宾达”号的水手罗多里哥·狄·德利阿那。

三艘船收起了布篷，在距离陆地约两里克的海面上停船下锚。

过去的情景一幕幕地浮现在哥伦布的脑际……13岁立志航

海，加入热那亚舰队，经过十多年的航海生涯，后来加入法国舰队，升任船长。海战败北，漂流到葡萄牙，然后结婚生子，立志向东方探险，却未获葡萄牙政府的重视，还受尽了讥嘲和凌辱，之后爱妻病逝，潦倒不堪，带着幼子流浪到西班牙，几经波折，幸蒙西班牙女王全力赞助，夙愿得偿。

两个月的探险，备尝艰辛，最后关头，几乎功败垂成，葬身鱼腹……

“终于到达了目的地，我的计划果然是正确的，在神的引导下，印度航道已被我打开了。”哥伦布兀自沉浸在成功的喜悦中。

哥伦布登上圣·萨尔瓦多岛

哥伦布本想在天亮以前好好地休息几个小时，以消除几天来的身体疲劳，并放松一下紧张的精神。

可是，突然来临的喜悦反而使他思潮起伏，无法合眼。

眼前的这块土地是黄金镶顶的中国呢，还是盛产香料的印度？会不会是无人居住的荒岛呢？不管怎么说，我们发现了陆地，这是不争的事实，值得庆祝一番。

哥伦布披衣走出船长室，把随船的朝廷官员和重要船员们请到餐厅里来欢饮。大家举杯庆祝：

“为西班牙国王和女王干杯！”

“为哥伦布船长干杯！”

“谢谢，谢谢大家的合作……”哥伦布哽咽着说不下去了。

天色微明，这是一个风和日丽的早晨，是大家引颈企盼的大好日子。

哥伦布穿上闪闪发光的骑士铠甲，腰佩短剑，身披红色披肩，手举西班牙国王的旗帜，在武装护卫的簇拥下登上了小艇。

接着，“宾达”号的马丁·宾逊和“尼纳”号的文生·亚尼斯·宾逊分别举着绿色十字旗（绿色旗帜上，绣有F和Y的大写字母。F是代表斐迪南国王，Y是代表伊莎贝拉女王）登上了自己的小艇，一行人浩浩荡荡、威风凛凛地向岸边驶去。

哥伦布举行占领仪式

从小艇上看过去，只见一片郁郁葱葱的密林横亘在眼前，接近岸边时，和风微拂，鸟语花香，令人神清气爽，备感舒适。

哥伦布手举国旗，神情肃穆地首先踏上他所发现的新陆地，大家一一跟着上岸。

在和煦的阳光照耀下，旗帜随风飘扬，哥伦布集合大家跪下祈祷，赞美神的恩典，大家低头祷告，没有一丝的喧哗、叫嚷，每个人都热泪盈眶，这时他们的心情已无法用任何言语表达。

祈祷完毕，哥伦布站了起来，庄严地宣布道：“请葛吉艾利斯先生把我的话记下来——1492 年 10 月 12 日，唐·克里斯托夫·哥伦布发现此岛，谨以西班牙国王及女王的名义永远占领。”

在一阵雷鸣般的欢呼声中，哥伦布满颊热泪，一句话也说不出来了！

在远远的树林里，很多土著人躲在那里窥望，有几个胆子稍微大一点的走了过来。他们全身赤裸，但体格却很强壮，脸上涂着红、白两种颜色，样子虽然怪异，但却没有恶意。

他们对哥伦布的这一身打扮充满了好奇。起先他们见到这一队人马的怪异装束，还佩有刀剑，惊吓到躲进密林里去，后来看到哥伦布领头跪下祈祷，他们知道这一定是个首领，而这个首领竟是一脸的和蔼、庄严，因此也就壮着胆走近来想看个究竟。

哥伦布微笑着向他们打招呼，慢慢地他们也放心下来，纷纷地围拢过来。

他们从没有见过外界的人，对哥伦布这批人的装束、衣着以及所使用的一切东西，无不投以惊奇的眼光。他们看看这个，摸摸那个，像孩子般的天真。

哥伦布仔细打量这些土著人，发现他们身上奇形怪状的图案是用植物的液汁调着黏土画上去的。他们真正的皮肤是红铜色，头发并不卷曲，但前面剪得短短的，而在脑后的部分，留成发辫状披在肩上。

他们的眼睛炯炯有神，额头很高，看起来性情淳朴忠厚，个个都很健康。

双方虽然无法交谈，但从友善的眼神和动作上看来，彼此的感情越来越接近了。微笑是表达善意的桥梁，可以使敌意和戒惧消失于无形。

哥伦布当场以红色的帽子和玻璃珠做的饰物作为礼品，赠送给土著人。他们点头咧开了嘴巴笑着接受，然后相继离去。过不了多久，土著人们捧来了大批的水果和鱼类作为回赠，带给这群外来客。

哥伦布与印第安人友好地交流

哥伦布心想：这里不知道是不是中国，或者是印度的一部分。传说中国遍地是黄金，印度则盛产香料，看样子，这既不像中国，也不像是印度。那么，这是什么地方呢？

哥伦布把这个地方命名为“圣·萨尔瓦多岛”。意思是：伟大救世主——耶稣基督之岛。

由于语言的隔阂，他们只好靠手势来表达，土著人的发音称这个岛为瓜纳哈尼岛，是属于西印度群岛中的巴哈马群岛，也就是现在的瓦特林岛。

哥伦布等一行人在岛上略为巡视一番，就乘坐小艇到船上去休息，仅仅是一天之隔，整艘船上的气氛已迥然不同，一天之前的焦虑、不安、失望、恐怖，甚至阴谋叛变的情形早已消失得无影无踪。

背景知识

圣·萨尔瓦多岛

圣·萨尔瓦多岛又称“瓦特林岛”，是中美洲萨尔瓦多共和国的一个小岛，在西印度群岛中巴哈马群岛东部大西洋边缘上。长21公里，宽8公里，面积155平方公里。圣·萨尔瓦多岛地势低平，多沼泽和湖泊，气候温和。原名“瓜纳哈尼”(Guanahani)，为哥伦布1492年10月12日登上美洲的第一块陆地（但有些学者主张哥伦布首先登上的“瓜纳哈尼”岛实际上是圣萨尔瓦多岛东南105公里处的萨马纳岩礁（Samana Cay)，后改现名。经济以旅游业为主，农业主产蔬菜、热带水果，饲养牲畜（绵羊、山羊）和捕鱼。美国在此设有导弹追踪站等设施，东北端有1887年建的导航灯塔。

圣·萨尔瓦多是萨尔瓦多共和国的首都，全国最大城市和经济、文化中心，位于圣·萨尔瓦多山西南的阿玛卡斯河谷。

圣·萨尔瓦多原为印第安人玛雅族居住地，1524 年沦为西班牙殖民地，18 世纪沦为英国殖民地，1821 年 9 月 15 日宣布独立，后为墨西哥帝国的一部分。1823 年帝国崩溃，萨尔瓦多加入中美洲联邦。1838 年联邦解体后于 1841 年 2 月 18 日宣布成立共和国。萨尔瓦多 1980 年爆发武装冲突，1992 年 1 月结束。在 12 年的战乱中，仅有 500 多万人口的这个中美洲小国就有 7.5 万人死亡。

圣·萨尔瓦多城是西班牙殖民者在 1525 年开始建立的，最初圣·萨尔瓦多城选址在苏哥托托，后来迁到现在的地方。这里先后曾是库斯卡特兰殖民者和危地马拉都督府萨尔瓦多省的省会，公元 1834 至 1839 年曾为中美洲联邦首都。从 1841 年成立萨尔瓦多共和国起，这里就成为首都。圣·萨尔瓦多市大部分是印欧混血种人，居民多信奉天主教，官方语言为西班牙语。圣·萨尔瓦多市历史上曾屡遭地震毁坏，后重建为现代化城市，是周围咖啡、甘蔗、水稻等农产品的集散地，拥有纺织、烟草、制糖、制革、造纸、水泥等工业，中美洲国际铁路和公路的枢纽，有两所大学、博物馆以及 18 世纪的建筑。

圣·萨尔瓦多城历史上曾多次发生地震，其中 1854 年的一次强烈地震，几乎把整个城市夷为平地。但顽强的圣·萨尔瓦多人民一次又一次地在地震的废墟上重建自己的家园。该城城市布局合理，整齐，街道宽阔，呈方格形，为防止地震，市内房屋多为低层建筑，周围留有空地。市中心的巴里奥斯广场周围有皇宫、国家剧院、中央大教堂等大型建筑。

圣·萨尔瓦多市是一座美丽的城市，风景秀丽，气候宜人。城市海拔 682 米，年平均气温 21 度，一年四季草木葱郁，鸟语花香，是加勒比地区著名的旅游胜地。圣·萨尔瓦多市郊有许多风景名胜，其中尤以巴尔博亚公园最为著名，它距市中心12公里，占地27公顷，海拔1000米，园内有全国濒临灭绝的珍贵树种——香胶松。附近的悬崖峭壁上有一个瞭望台，可俯视萨尔瓦多市全景，还可看到雄伟壮丽的圣·哈辛托山和恬静优美的伊洛潘戈湖。公园南1公里处是鬼门台，矗立着两块巨大山石，可俯瞰山谷风光和印第安人村庄帕奇马尔科。伊洛潘戈湖在距离市中心14公里处，面积72平方公里，是萨尔瓦多第一大湖，也是个旧火山口形成的堰塞湖。它地处海拔440米的高原地带，四周被群山紧紧环抱，湖内碧波荡漾，水天一色，风光旖旎，为避暑、游览胜地。拉古纳植物园（湖底公园）位于古库斯卡特兰的西南部一个死火山口底部，面积3公顷，火山口海拔805米，经过几百年的演变形成湖泊。18世纪末的最后一次火山爆发，把这里变成沼泽地，火山熔岩凝固成奇形怪状的斑块。圣·萨尔瓦多火山距市中心18公里，火山直径1600米，深800米。古代火山喷发后这里形成了湖泊。1917年6月17日火山再次喷发，湖水被蒸发，湖底留下一个坚固的圆锥形小熔岩，是圣·萨尔瓦多火山口的奇特之处。火山北麓是一片宽阔的火山熔岩地带。希洛斯瀑布位于圣·萨尔瓦多以西18公里处，高耸的峭壁上，十几股泉水喷涌而出，形成许多瀑布。绿山国家公园位于圣·萨尔瓦多西部，从公园的山顶上可观看300年来一直喷发的伊萨尔戈活火山。绿山公园离火山口只有1700米。

圣·萨尔瓦多市内建有许多纪念碑。革命纪念碑位于城市西南部的革命广场，是为纪念1948年12月14日资产阶级革命运动而修建的，因形似瓦片，又称“大瓦片”纪念碑。世界救世主纪念碑位于罗斯福大街东端，纪念碑为方形石柱，四面是十字架，顶端为圆形石球，上面是救世主像。阿特拉卡特纪念碑位于首都北部，是为纪念印第安民族英雄库斯卡特兰而修建的。独立先驱纪念碑位于市中心国民宫附近的自由公园内，是萨尔瓦多共和国最庄严的纪念碑，纪念碑大理石柱的顶端是头戴桂冠的天使，石柱中部是德尔加多、罗多里格斯、阿尔赛的浮雕像，底座是一只雄象。

圣·萨尔瓦多是全国的经济中心，主要工业有卷烟、木材加工、制鞋、纺织、咖啡加工及饮料制作等；还是全国的交通枢纽，首都同全国各地和各主要港口都有铁路和公路相通，泛美公路和中美洲国际铁路都从这里经过。城市以东的伊洛潘戈国际机场建于1980年，是拉美现代化的机场之一。

每个人的脸上都带着笑容，心中充满了信心，他们对哥伦布的勇毅、果断以及正确判断更是由衷地敬佩。

经过近七十天的海上颠簸，大家实在需要痛痛快快地休息一下，人们满怀喜悦，酣然入梦。

第二天的清晨，就有许多土著人划着独木舟，带着水果以及一些自制食物来和船员们交换玻璃珠等饰物。那种以某种植物根制成的面包，想必就是他们的主食吧。

这么看起来，这个岛想必也不怎么富裕，哥伦布不免有点失望。

突然间，他听到一个船员以一种惊诧的口吻说：“你们瞧，有一个土著人的鼻子上套着黄金的鼻环呢。”

印第安人

果然如此，那个鼻环确实是黄澄澄的金子做的。哥伦布把那个土著人请到船上来，用手势比划，想探听出金子的来源。

土著人指指南方，意思是说，南方有一个富有的国家，那里的国王吃饭的盘子都是黄金制成的。

哥伦布马上想起马可·波罗游记上所描述的一切，黄金之国的中国，想必不远了。

哥伦布选中几个较为聪明伶俐的土著人，每天教他们西班牙语，希望由他们做向导和翻译，带领探险船队向黄金之国进发。

美丽的印第安族女人

在圣·萨尔瓦多岛的四周还有很多大大小小的岛屿，船队行进在树林苍翠的美丽海岛中，哥伦布的船队曾经在三个岛屿停泊过，哥伦布分别给它们命名为“圣玛利亚”岛、“斐迪南”岛和“伊莎贝拉”岛。

这些岛屿上的居民，也都是未开化的土著人，他们对这一群外来客惊为天神，纷纷献上各色水果和土产。当然，哥伦布也都一一回赠，以示亲善。

哥伦布率领船员们在这几个岛上巡视，发觉景色优美，潺潺的溪流，清澈的河水，水中的游鱼，树上栖息的鸟，树上结的果实，都让这一群人目不暇接，他们看得眼花缭乱，兴奋不已。

向导的土著人以生硬的西班牙语，再辅以手势告诉哥伦布说："在西南方还有更大的岛，叫作古巴干那岛，那里有很多的黄金、珠宝和香料等。"哥伦布备感兴奋，心想，那必定是黄金之国中国了。

于是他下令向西南疾驶而去。偏偏风向不顺，好不容易在10月28日抵达了一个大岛。当地土著人称之为古巴干那，就是现在的古巴岛。哥伦布率领的船队在岛边停靠，只见这座岛屿山高林密，溪谷的流水注入海湾。哥伦布一行人步行上岸，一路向内陆进发，走了很久，所见的都是用棕榈叶做屋顶的简陋房屋，土著人也都是全身赤裸，以捕鱼为生，看起来非常贫困，根本不是想象中以黄金为屋顶的巍峨建筑。

哥伦布又发现土著人把晒干的草叶卷成棒状，然后在一端点上了火，把另一端送到嘴里去吸，吸完了吐出一阵白色的烟雾，这是欧洲人第一次看到土法制造的烟卷。

哥伦布心里不免失望，但又不死心，他再询问向导，向导仍然嚷嚷着："古巴干那！古巴干那！"并用手势指着内陆的方向。

背景知识

古 巴

古巴地属南美洲，位于加勒比海西北部，东与海地相望，南距牙买加140公里，北离美国佛罗里达半岛顶端217公里。面积为110860平方公里，由古巴岛和青年岛（原松树岛）等1600多个岛屿组成。它是西印度群岛中最大的岛国，海岸线长约6000公里，大部分地区地势平坦，东部、中部是山地，西部多丘陵。全境大部分地区属热带雨林气候，仅西南部沿岸背风坡为热带草原气候。

首都哈瓦那，是古巴政治、经济、文化和旅游中心，也是西印度群岛中最大的城市和世界上最美丽的城市之一，有“加勒比海的明珠”之称。哈瓦那老城是建筑艺术的宝库，拥有各个时期不同风格的建筑，1982年被联合国教科文组织列为“人类文化遗产”。

1492年，哥伦布航海发现古巴岛。1510年，西班牙远征军征服古巴并进行殖民统治。1898年美国赢得对西班牙的战争后占领古巴。1902年，美扶植成立“古巴共和国”。1903年，美国强租古巴海军基地两处，至今仍占领着关塔那摩基地。1934年初，军人巴蒂斯塔政变上台，对古巴实行军事独裁。1959年1月1日，菲德尔·卡斯特罗率起义军推翻了巴蒂斯塔政权，建立革命政府。1961年4月，古巴在吉隆滩击败美国组织的雇佣军入侵。随后，卡斯特罗宣布开始社会主义革命。1962年，美宣布对古实行经济、贸易和金融封锁。1990年8月，古巴政府宣布进入“和平时期的特殊阶段”。

古巴风光旖旎，几百个风景点像翡翠般点缀在海岸线上。明媚的阳光、清澈的海水、白沙海滩等自然风光使这个享有“加勒比明珠”美誉的岛国成为世界一流的旅游和疗养胜地。近年来，古巴利用自身优势大力发展旅游业，使其成为国民经济的支柱产业。

古巴作为世界主要产糖国，还享有“世界糖罐”的美誉。古巴经济曾长期依赖蔗糖生产。为改变这种单一经济发展模式，古巴近年来积极调整工业结构，采矿、发电、炼油、炼钢、食品加工、机械、轻纺、电子、水泥等行业发展迅速。

哥伦布认为金碧辉煌的宫殿就在里边，于是派遣懂得几种语言的多利士率领几个干练的水手去觐见国王。

在哥伦布的心目中，这里的国王就是马可·波罗曾经在那里做过官的蒙古皇帝忽必烈。

多利士临行前，哥伦布吩咐他说：“你去晋谒国王时，告诉国王我们愿意和他们修好的诚意，并把西班牙国王的御函呈递上去，顺便多带些黄金回来。”

多利士等领命而去，十多天以后，也就是11月6日，却败兴而回。他们向哥伦布报告说：“我们翻山越岭走了好几天，途中只见到几个小村落，那些土著人都很穷困，不过，对我们倒很友善，我们把玻璃珠送给他们，他们都很高兴，拿出许多食物来招待我们，还让我留宿在他们的村落里。我们希望能找到黄金和香料，于是把样品拿给他们看。他们用手势指着南方，意思是要到更远的南方，才有这些东西。我问他们有没有高大的房屋，他们只是一个劲儿摇头，看样子，这里只不过是个穷困的岛，距离黄金之国，还远得很呢！”

“哦，真是辛苦你们了！”哥伦布内心的失望可想而知。不过，对他们的辛劳，仍是衷心的感激。

多利士接着说道：“我们这次带回来一种奇怪的东西，土著人把它叫作塔巴可（烟草）。”

哥伦布拿在手里端详，这是一种晒干的草叶，闻起来有股辛辣的味道。

“土著人把它卷起来，用火在一端点燃，然后用嘴在另一端猛吸，吸完吐出一缕白烟……”多利士边说边模仿土著人的动作。

哥伦布不等他说完，就笑着说道：“不错，我前几天就曾看到土著人们在吸它。”接着，哥伦布就如法炮制，做了一根烟卷，点上了火，猛吸起来。他把眉头一皱，苦笑着说：“既苦又辣，居然还有人吸它！”

四周的人们都很好奇，大家争着试吸。你一口，我一口，大家都被呛得咳嗽不已，一边咳，一边笑，闹成一团。

背景知识

烟草的发现

目前人们普遍认为烟草最早源于美洲。考古发现，早在原始社会时，烟草就已经进入美洲居民的生活中了。那时，人们在采集食物时，无意间把一片植物的叶子放在嘴里咀嚼，因其具有很强的刺激性，正好起到恢复体力和提神的作用，于是便经常采来咀嚼，次数多了，便成为一种嗜好。

考古学家认为，迄今发现人类使用烟草最早的证据是在墨西哥南部贾帕思州倍伦克的一座建于公元432年的神殿里的一幅半浮雕，浮雕上画着一个叼着长烟袋的玛雅人，在举行祭祖典礼时，以管吹烟和吸烟，头部还用烟叶裹着。考古学家还在美国亚利桑那州北部印第安人居住过的洞穴中，发现了遗留的烟草和烟斗中吸剩的烟灰，据考证，这些遗物出土的年代大约在公元650年左右，而有记载发现人类吸食烟草是在14世纪的萨尔瓦多。

很久以前，美洲土著人就有崇拜太阳和祭祀吸烟的习俗。一些考古分析还发现，3500年前的美洲居民便有了吸烟的习惯。随着美洲史的进一步发掘，烟草史也许会向印第安史更早的时期延伸。加上当今普遍栽种的红花烟草性喜温热，烟草源于热带美洲的观点就更具有了说服力。

目前发现的烟草品种有66种之多，但能够被人工种植的品种即普通烟草（N. tobacco），又叫红花烟草和黄花烟草（Rustica tobacco）。据目前的记载美洲印第安人栽培利用烟草最早。1492年10月，哥伦布率领探险队到达美洲，看到当地人在吸烟。

1536年5月，一位叫嘉蒂的探险家经过长时间的探险，重新回到美洲见证关于印第安人使用烟草的情形，他做了比哥伦布记载更加详细的记述："他们把烟草放在太阳底下晒干，而后在他们脖子上挂上一个牛皮做的小袋子，手拿一个中空的石头或者是木头，很像一支管子；一会儿他们高兴的时候，便把烟草揉成碎末放在管子的一端，点上火，在另一端便用嘴深深地吸气，使得体内完全充满了烟，直到从他们的嘴和鼻孔里冒出为止，就像烟囱里喷出来的烟一样。他们说这样做可以使他们保持温暖和健康。我们也曾经尝试过这种烟，可吸进嘴里后，那种热辣的味儿，如同胡椒一样。”

最早记载印第安人吸食烟草的文字，当数西班牙人潘氏所著的《个人经历谈》。潘氏叙述了他在1497年跟随哥伦布第二次航海到西印度群岛的经历，其中描述了他发现印第安人吸食烟草的情景。

此外，在1535年出版的航海史学家裴南蒂斯·奥威图所著的《印第安通史》中有这样的描述：“在其他的邪恶的习惯里，印第安人有种特别有害的嗜好便是去吸某一种烟……以便产生不省人事的麻醉状态。他们的酋长使用一种如Y字母形状的管子，将管子的两端插入鼻孔，在管子的一端装着燃烧的野草，他们用这种办法吸烟，直到失去知觉，伸着四肢躺在地上像个酒醉微睡的人一样……我很难想象他们从这种习惯里究竟获得了什么快乐，除非在吸烟之前就已经是喝了酒。”

1558年航海水手们将烟草种子带回葡萄牙，随后传遍欧洲。1612年，英国殖民官员约翰·罗尔夫在弗吉尼亚的詹姆斯镇大面积种植烟草，并开始做烟草贸易。

16世纪中叶，烟草传入中国。开始传入的是晒晾烟，距今已有400多年的种植历史。1900年在台湾试种烤烟，自1910年后相继在山东、河南、安徽、辽宁等地试种烤烟成功，1937至1940年开始在四川、贵州和云南试种，这三个地区以后发展成为我国的优质产烟区。20世纪50年代引进香料烟，20世纪60年代引进白肋烟，分别在浙江新昌、湖北建始试种成功。黄花烟约在200年前由俄罗斯传入我国北部地区种植。

“宾达”号的叛离

哥伦布根据经过的航程和星座的位置重新测算，认定他们已经越过了日本。

哥伦布发现新大陆画像

于是，他下令离开古巴，向东回航。

不巧，风向相反，而且风势强劲，海上波涛汹涌，难以前进。

随后，大风暴接踵而至，于是他下达命令，通知“宾达”号和“尼纳”号一同折返古巴，等到风暴过去以后再行出发。

“宾达”号的船长马丁·宾逊是一个勇敢而富有航海经验的航海家。他财力雄厚，声望也高，这一次的航行，他提供了船只和人员，并垫付了八分之一的费用。

他也是一个野心勃勃的人，他希望享有和哥伦布同等的权利，不愿意事事听命于哥伦布。

第二天早上，哥伦布接到报告说“宾达”号已不知去向。

哥伦布心想：马丁·宾逊必定是另有企图，若不是单独去探险，抢立头功，就是赶回西班牙，把这次的发现向国王表功领赏。

哥伦布怀着沉痛的心情在海上搜索寻找“宾达”号的踪影。

哥伦布一面心情沉重地在海上继续搜寻“宾达”号的踪影，一面在古巴沿岸一带游弋，在东南方又发现了一个美丽的岛屿，它就是海地岛。

哥伦布在海地岛的西海岸登陆，把这个海湾命名为圣·尼古拉斯湾，把北部的海湾命名为康塞普辛湾。

岛上有高山、密林，也有广阔的草原和湍急的溪流，眼前的景色跟西班牙极为相似，哥伦布不免怀念起了故乡。

这个岛虽然土质肥沃，植物茂盛，但却见不到梦寐以求的黄金。

于是哥伦布听从土著人的指点，再次启程向东航行。

海地风景图

1492年12月20日，他们驶进一个大海湾，哥伦布把它命名为圣·塔阿斯湾。

当地的土著人非常友善，对这些外来客殷勤接待，令他们有宾至如归之感。

12月24日，“圣·玛利亚”号和“尼纳”号继续向东航行。

哥伦布船队之一“尼纳”号

当天晚上，船队进入一片遍布暗礁、危险重重的海域，船员们连日接受土著人的招待，酒足饭饱，个个玩得昏头昏脑，十分困顿。

“圣·玛利亚”号舵手漫不经心地掌着舵，根本没有注意船行驶的方向，船身受到冲击，左右摇摆，等到他忽然警觉，睡意全消而企图挽救时，却已太迟了！

湍急的海流使船撞上暗礁，船身立即倾斜并搁浅在暗滩上了。

“不得了啦，触礁啦！”一声大喊，惊醒了整船好梦正酣的人们。

哥伦布连鞋子都来不及穿，三步并作两步地奔上甲板，他沉着而镇静地指挥那些已经被吓得不知所措的船员并对他们说：“我们要赶快抢救，先放下小艇，然后把锚载在小艇上，赶快划出去，以便把大船拖离暗滩，要快，绝不能拖延！”

这些刚从梦中惊醒，突然遇到如此严重情况的船员们个个惊慌失措，犹如仍在梦中。大家虽然七手八脚地把小艇放下去，却争着逃命，压根儿就没有想到把锚装上小艇以便拖离大船的这档子事，他们尽力向“尼纳”号划去，请求救援。

“尼纳”号的船长文生·宾逊气得顿足大骂：“你们这群笨蛋，不先去救大船，逃到我们这里来干什么？救大船要紧，快滚回去!”

小艇上的人被他一顿臭骂，这才想起哥伦布叫他们把锚装上小艇以便拖离大船的事，赶紧拼命地往回划去。

文生·宾逊亦立即派健壮的船员乘小艇去“圣·玛利亚”号帮忙抢救。

无奈风强水急，“圣·玛利亚”号的船舱已被礁石撞破，无情的海水直往船里灌，船身倾斜得更厉害，眼看就要翻覆，根本拖不出来了。

哥伦布眼看着这艘和他共患难的船已经无法挽救，心中有说不出的难过。他实在不忍舍弃它，可是，现在不弃船也不行了。

哥伦布心情沉重，冷静之后下令把船上的重要物资搬上小艇，运送到“尼纳”号上去。

这时候，文生·宾逊派来的小艇也一同参加抢救工作。

东方已经渐露曙光，岛上的土著人也发现他们的船在暗礁区出了事，于是纷纷划着独木舟前来帮忙。

折腾了一天，总算把船上的粮食、弹药、武器以及一些重要物资全部抢救了出来，运到“尼纳”号上去。

可是，“尼纳”号的船身比“圣·玛利亚”号小，怎能容纳得下这么多的人员和物资呢？哥伦布面临着一个伤脑筋的问题。

一年一度的圣诞节就这样在慌乱和恐怖中度过了。正在哥伦布不知将来怎么办之际，一艘大型的独木舟划了过来，原来是岛上的酋长率领土著人送来了大批的食物和水果，雪中送炭的友情温暖了每个人的心。

哥伦布船队与土著人交换物品

经过向导的翻译，酋长主动建议他们在岛上先住下来再说。哥伦布心想这个岛上气候温和，岛民乐观而友善，倒不如接受他的好意，先住下来再说，也许这是神的旨意，神的安排！就先在这里建立殖民地好了。

哥伦布把这个构想和文生·宾逊说明以后，文生·宾逊认为也只有如此了。

哥伦布向酋长表达了感激之情，然后随着酋长回到岛上勘察地形，选定了一个平坦的地方，那里后有丛林，前有小溪，风景极佳。

哥伦布命令船员们把“圣·玛利亚”号的船壳拆卸下来，利用这些材料建造了一座营寨，命名为“拉·那比达德”，即耶稣诞辰的意思。

在岛民的协助以及全体船员的通力合作下，这座营寨很快就粗具规模了。

“圣·玛利亚”号不复存在，由海船变为了房屋，哥伦布内心的歉疚和伤感稍微缓解。

小岛上气候温和、湿润，林中的飞鸟、溪里的游鱼，还有取之不尽的各种果实，衣、食无忧。

有些船员竟然乐不思蜀，打算在这里落户生根，不回西班牙了。因为回去以后就必须辛苦劳碌，为生活而奔波；而在这里的话，整天快快乐乐，晚上又可以围着火堆跳舞歌唱，根本不必为生活担忧，实在是太惬意了。

哥伦布把一切安顿就绪后，选定40名船员暂时驻留在岛上，并告诫他们说：“你们暂时在这里留守，我要赶回西班牙去，向国王报告，然后率领新的船队来接你们。你们在这期间，要跟岛民们和睦相处，多多宣扬基督福音，这是我们重大的使命，千万不能忘记。我已经为你们储备足了够使用一年的粮食和弹药，你们安心地静待佳音吧！”

1493年1月4日的清晨，哥伦布乘坐“尼纳”号返航西班牙，一路风平浪静，非常顺利。

1月6日，天色微明，在桅杆上瞭望的水手忽然高声喊叫：“船！我看到一艘船！”

顿时引起一阵骚动，哥伦布下令向那个方向疾驶。

不久，两艘船逐渐接近，白色的帆影已清晰可见。

哥伦布拿着望远镜的双手，不禁微微地发抖。

“哇，那是‘宾达’号啊!”哥伦布禁不住叫出声音来。

很快两艘船靠在一起了。马丁·宾逊乘着小艇，来到“尼纳”号上，他满脸羞惭地向哥伦布辩解说：“那一次的暴风雨把我们吹散，我一直都在寻找你们呢，绝对不是故意逃跑，请您务必原谅。”

哥伦布心里何尝不明白这是他的诡辩，但表面上仍不动声色，如果这时候争吵起来不仅于事无补，反会引起不良后果，因为这两艘船上的水手大部分是宾逊弟兄的亲戚、朋友，当初为自己垫付航海费用以及调集船只的也是宾逊兄弟俩。

哥伦布以平静而温和的语气回答：“我今天能和你重逢，非常高兴，只要大家平安无事就好了。现在，我们一起回国吧，怎么样?”马丁·宾逊深受感动地说：“一切遵命，这就启程吧!”

于是，“尼纳”号和“宾达”号采取东北东的航向，直向西班牙驶去。

背景知识

海　地

海地岛又名“伊斯帕尼奥拉岛”，意即“小西班牙岛”，是西印度群岛中仅次于古巴岛的第二大岛。位于古巴岛和波多黎各岛之间。长约650公里，宽约240公里，面积约7.6万平方公里，岛上生活的大部分为黑种人和黑白混血种人。

海地岛地势崎岖，系北美洲科迪勒拉山系的延伸，自北向南分别为北科迪勒拉山脉、中科迪勒拉山脉和南部山地，间隔肥沃的平原、低地。地震频繁，属于热带海洋性气候。由于受地形影响，地区差异显著。年平均气温22℃—30℃，年降水量1000毫米—2000毫米，自东北向西南递减。铝土和稀有贵金属矿藏丰富。东部森林茂密。

海　地

海地经济以农业为主，但基础设施薄弱，耕作技术落后。全国近三分之二人口从事农业生产，可耕地面积仅55.5万公顷，粮食不能自给。主要农业产品有咖啡、棉花、可可、大米、玉米、高粱、香蕉、甘蔗等。主要矿藏有铝矾土、金、银、铜、铁等。其中铝矾土储量较大，约1200万吨，还有一些林业资源。海地工业基础较薄弱，集中在太子港，主要有来料加工、纺织、制鞋、制糖、建筑材料等。旅游业收入是外汇主要来源之一，近年来发展迅速，游客大部分来自美国和加拿大，主要海港有太子港和海地角。海地是世界上贫穷的国家之一，75%的人生活在赤贫状态下，全国只有20%的居民能用上自来水，文盲率高达80%。

1492年哥伦布抵达海地后，这里随即沦为西班牙殖民地，17世纪起被法国占领。1804年西部的海地、1844年东部的多米尼加先后宣告独立。

海地有着苦难而悲壮的历史，自古就一直是印第安人生活繁衍的地方。1492年哥伦布在首次航行美洲时发现伊斯帕尼奥拉岛，即今日的海地和多米尼加共和国。1502年该岛被西班牙据为殖民地，1697年西班牙同法国签订《勒斯维克条约》，把该岛东部的西班牙属地称为圣多明各，而西部割让给法国，定名为法属圣多明各。1790至1803年法属圣多明各黑人爆发大起义，于1804年1月1日起义成功，正式宣告独立，建立了世界上第一个独立的黑人共和国，成为拉丁美洲最先获得独立的国家。独立后不久，海地因内战出现南北分治的局面，1820年重归统一。1822年海地统治者布瓦耶东征圣多明各成功，将伊斯帕尼奥拉岛东西两部合而治之。1844年圣多明各脱离海地，成为独立的国家——多米尼加共和国。1844至1915年为海地内乱时期，先后更换了22位统治者。1915至1934年被美国占领。美结束占领状态后，海地先后由樊尚、莱斯科任总统。1946年海地发生军事政变，迪马瑟·埃斯蒂梅为总统，1950年保罗·马格卢瓦尔上校出任总统，1957至1986年杜瓦利埃家族实行独裁统治，1986年2月7日，在人民反暴政斗争浪潮的冲击下，杜瓦利埃逃往法国，以原军队参谋长亨利·南菲将军为首的全国执政委员会接管政权。10月19日举行第一次全国立宪议会选举，1987年3月通过新宪法，1988年1月17日马尼加当选为总统，组成文官政府。1990年底阿里斯蒂德当选总统，9个月后被军事政变推翻；1997至1999年，海地总理位置空悬，政府陷入危机。

归途中遭遇大风暴

最初的一个月，海上正好刮着强劲的西风，哥伦布的返航非常顺利，不料，接着却遭遇到一场强劲可怕的大风暴。

还睡在床上的哥伦布突然被怒涛声惊醒，屋内吊灯猛烈摇晃，桌上的东西滑落满地。

在狂风怒吼、惊涛拍击声中，哥伦布听到瞭望楼上的船员声嘶力竭地叫嚷，船身像荡秋千似地忽上忽下，哥伦布试图从床上坐起身来，但刚坐起立刻又被摔了回去。

经过一阵挣扎，哥伦布好不容易扶着门框走出了船长室，然后握紧铁梯，向上爬去。

海面上的巨浪声、风声、浪涛声以及船员们的惊呼声、嘶吼声交织成一片。

东北方连连地出现闪电，哥伦布知道这是暴风来临的征兆。

这时候，一个巨浪袭来，哥伦布淋得全身湿透，他用力地甩了一下头，抹掉脸上的海水，镇静而沉着地指挥着船员们。

浪涛像一座座的小山，一波又一波地袭来，好像不把船吞噬掉不肯罢休的样子。布帆被狂风撕裂成碎片，发出令人战栗的噼啪声，桅杆被吹得沙沙作响，随时有折断的可能，船身更是像摇篮般，一下子被托向高空，一下子又被抛向水底。

在这种情况下甲板上根本无法站立，船员们都把绳索捆在腰上，另一端扣在桅杆上，这样万一落水的话可以被拖救上船。

哥伦布以信号灯和“宾达”号联络，叫他们不要远离本船，起先，还看得到对方的信号灯反应。可是，过了不久就失去了联系。

挨到天明，“宾达”号失去了踪影，现在只剩下“尼纳”号独自在怒涛中挣扎了。

天空中乌云密布，依然是狂风怒号，白浪滔天，丝毫没有平息的迹象。

哥伦布心想：我不顾贵族、官员等人的反对，坚持信念前来探险，承蒙女王的信赖，独排众议，她甚至把自己的珠宝变卖以供航海之用，这种知遇之恩一定要答报，没想到，在回航途中竟然遭遇到这场可怕的风暴，以眼前的情况判断，可能是凶多吉少了！留在岛上的40个部下，他们天天在盼望，万一我们船覆人亡，他们也就永远回不了故乡了！我的重大使命是向东方传播基督福音，我要使西方和东方连接起来。如果我们遇难的话，这个联系工作就此中断，后继无人了！

想着，想着，哥伦布不禁感慨万千，心酸不已。

哥伦布费尽气力，挣扎着回到船长室。他展开羊皮纸，准备写一封信呈给斐迪南国王和伊莎贝拉女王，报告此行的经过以及现在的情形。

由于船身晃动得太厉害，墨水瓶滑来滑去，而且自己的双手发抖，哥伦布一只手扶着墨水瓶压住羊皮纸，一只手拿起羽毛笔，在极端困难的情况下，勉强写了一封字迹潦草的信函。在信函外面注明，任何人捡到这封信请专程送到西班牙国王手里时，一定可以获得重赏。

哥伦布把羊皮纸的信函卷成一卷，用好几张涂蜡的布重叠着包扎起来后放进一个木桶并投进海里。

哥伦布把装有羊皮纸信的木桶扔入大海

哥伦布做完这件事，心里踏实了许多，至于未来的情况，那就听天由命吧！于是，他又奋力地挣扎着爬到船舱里。

这时候，已过正午，船员们经过一天一夜的折腾早已筋疲力尽，一个个脸色苍白、东倒西歪地躺在那儿，等候命运的安排。

黄昏，西方出现了晚霞，风势逐渐减弱，疯狂的波涛也慢慢平息下来。

死里逃生的船员们在哥伦布的带领下，大声地祈祷、赞美，感谢神的恩典，使他们免于葬身鱼腹。

大伙儿饱餐一顿后，除了掌舵及瞭望人员外，全都酣然入梦。

1493 年 2 月 15 日的清晨，瞭望人员突然大声叫喊："陆地！陆地！"

这是亚速尔群岛中属于葡萄牙的圣玛利亚岛。

虽然陆地就在眼前，偏偏赶上顶头风无法前进，好不容易挨到第二天的傍晚才靠岸。

从船上看去，港口附近有教堂的尖顶出现，几位船员相约到教堂去礼拜祈祷，感谢这次遇险不死。

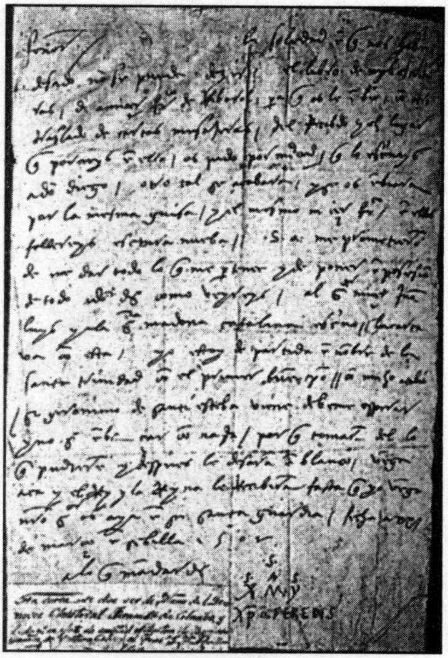

哥伦布的亲笔信

当他们祈祷完毕，走出教堂大门时，看到一位葡萄牙军官率领几个士兵站在那儿等着他们。

他们心中正在纳闷，只见那个军官走了过来问他们说：“你们是从哪儿来的?”

“我们是属于西班牙的哥伦布探险船队，在回国途中遭受暴风的袭击，被吹离航线而漂到这里的。”船员们礼貌地回答。

军官一听是哥伦布的探险船队，马上板起脸孔问：“谁是哥伦布?”“我们是他的部下，他在船上，没有上岸。”船员急得嚷嚷着说。

那个恶狠狠的军官考虑了一会儿，说：“我先把你们扣留下来，叫哥伦布自己来出面交涉。”

于是，不由分说地把船员们押走了。

原来，葡萄牙国王获悉哥伦布偷偷地出境，跑到西班牙，受到西班牙女王的援助组成探险船队去寻找新航道后，就下令给各岛总督，一旦发现哥伦布的船队立即把哥伦布抓起来，这样哥伦布寻到的财宝就归葡萄牙所有了。

至于哥伦布呢，他本来打算为葡萄牙效力去发现新航道的，可是葡萄牙政府对他的建议不予重视，因此才失望转投西班牙。

如今葡萄牙政府竟想不劳而获，坐享其成，这未免太卑鄙了！

当哥伦布在船上接到总督的通知后，怒不可遏，他回复使者说：“你回去告诉你们的总督，说当初是你们的政府不采纳我的建议，我才转而求助于西班牙。如果你们不把我的部下释放，我就报告西班牙国王，他将会立刻派兵前来攻打你们，到时候你们可别后悔。”

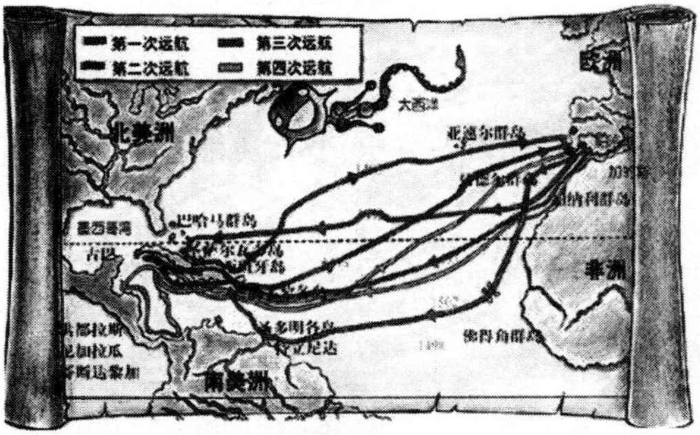

哥伦布四次航海路线

岛上的总督被吓住了，只好乖乖地将那几名船员释放。

1493 年 2 月 24 日清晨，“尼纳”号迎着朝阳，继续向东行驶，总算一路顺风，非常平稳。

不料，到了 3 月 2 日的傍晚，海上又刮起大风来了，已经破损不堪的小小“尼纳”号怎禁得起再一次的暴风袭击？大小帆篷，早已支离破碎，随时都有倾覆的危险。

一路上虽然不时出现山的影子，但是，果断的哥伦布严令不得靠岸，因为他知道那都是葡萄牙的属地，不能再冒险逗留。

这时候已近午夜，电光闪闪，分外恐怖，天空又降下一阵骤雨，“尼纳”号的处境更加危险。哥伦布指挥全船人员奋力拼搏，终于度过了漫漫长夜。

天亮以后，骤雨虽然停止，但是风势依然相当强劲，船员们实在疲惫不堪，无法再继续支撑下去了。

哥伦布知道前面就是葡萄牙的塔加斯港，可到了这种地步，为了求生也只好冒险一试了。

3月4日，饱经暴风雨袭击的“尼纳”号缓缓地驶进了葡属塔加斯港。

这里似乎没有收到葡萄牙国王捉拿哥伦布的命令，他们对这一群脱险的人们寄予无限的同情和关怀，态度极为友善。

哥伦布一方面乘此机会把破碎的帆篷和船身略加修补，另一方面写了一封信函，派人火速地送交斐迪南国王和伊莎贝拉女王，让他们早日得知发现印度的经过。

善良的哥伦布仍然一心挂念着因暴风雨失散的“宾达”号的安危。

背景知识

羊皮纸

现在的羊皮纸又称工业羊皮纸，是由羊皮原纸经硫酸处理后所得的一种变性加工纸，是一种半透明的包装纸，它主要供包装机器零件、仪表、化工药品等。羊皮纸的特征是结构紧密，防油性强，防水、湿度大，不透气，弹性较好，该纸经过羊皮化，具有高强度及一定的耐折度，可作半透膜。

羊皮纸的出现是由于埃及托勒密王朝为了阻碍帕加马在文化事业上与其竞争，严禁向帕加马输出埃及的纸莎草纸。于是帕加马人就发明了羊皮纸。

制作羊皮纸

事实上，羊皮纸原料并不仅是小羊皮，有时也用小牛皮。羊皮纸两面光滑，都能书写，且书写方便，能够让鹅毛笔的书写呈现饱满的色彩，拿来折成书本也没有问题。羊皮纸比纸莎草纸更加适用，但价格昂贵。帕加马图书馆的一些藏书就是羊皮纸做的。

公元 3—13 世纪，欧洲各国普遍使用羊皮纸书写文件，14 世纪起逐渐被中国纸所取代，但仍有些国家使用羊皮纸书写重要的法律文件，以示庄重。最好的羊皮纸又称作犊皮纸，往往被拿来用来誊写最重要的书籍和资料。

航海探险归来

1493年3月15日的中午，“尼纳”号重新回到了巴洛斯港。

出发的时候，是三艘船的船队，如今只有“尼纳”号独自归来，哥伦布的心中有些落寞。

巴洛斯的市民们听到他回来的消息，个个欣喜若狂。

“哥伦布胜利归来了！听说他到达了好几处盛产黄金的岛屿呢。”

市民们竞相奔走相告，教堂里钟声齐鸣，全市喜气洋洋，大家都拥向码头去欢迎这位探险英雄的归来。

西班牙人庆贺哥伦布发现新大陆

哥伦布热泪盈眶地向市民答礼，心中感慨万千：我率船出航时，他们一致认定我会把这三艘船带进魔海，肯定是有去无回，他们站在码头上以泪眼相送。我历尽了艰险重回这里，却受到他们如此热烈的欢迎！想当初我带着狄亚哥流浪到巴洛斯时，一贫如洗，形同乞丐，受尽奚落和讥嘲，市民们看到我，就转过头去吐口水……现在，欢迎的场面竟是如此的感人！唉！真是人情冷暖。

现在再来叙述一下“宾达”号的行踪。

1492 年 12 月，“宾达”号上的马丁・宾逊乘风暴袭来的机会脱离船队，独自行动。他驶回岛上买通了几个土著人做向导，从拉・那比达德向东南行驶，到达一个港口，在那里换取了不少黄金，他把一半黄金占为己有，另一半分给部下。

之后他们又遇上一次更大的风暴，“宾达”号被吹到法国的皮斯凯湾。马丁・宾逊料定“尼纳”号一定吃不住风浪，早就沉没了。

马丁・宾逊得意扬扬地向部下夸耀说：“我已经把发现印度的经过，详细地写信向国王和女王报告了。纵使“尼纳”号没有沉没，哥伦布还活着，这份荣誉和功劳我们已抢先一步，你们等着接受巴洛斯市的盛大欢迎和国王的奖赏吧！”

就在哥伦布回到巴洛斯港的第三天，港内又驶进了另一艘船，那就是马丁・宾逊率领的“宾达”号。

马丁・宾逊见到“尼纳”号居然安然无恙而且已先他而至时，脸色陡变，羞惭得无地自容，他实在无颜再和哥伦布相见。

他悄悄地登岸，躲在家里不敢外出。国王和女王已经获知马丁・宾逊两度叛离的事情，本想加重惩处，幸亏哥伦布为其求情，国王和女王才不予追究。从此马丁·宾逊郁郁寡欢，不久就病逝家中了。

哥伦布脱险归来以后，国王和女王立即下旨召见，并且封他为海军提督兼总督。

4月中旬的一天，是个风和日丽的艳阳天。巴塞罗那的市民们一清早就等在通往王宫的道路两旁，等待哥伦布一行人的到来，个个都想一睹哥伦布的风采，大家都兴高采烈地议论不休。

远处传来一阵骚动，哥伦布骑着高大的骏马出现了。队伍前列是六位头戴羽饰、上身赤裸、画满怪异花纹的土著人，水手们扛着鹦鹉鸟笼以及各色奇怪的土产紧随其后，哥伦布骑在马上，微笑着向路旁的民众打招呼。

欢迎的人群中响起如雷的掌声和欢呼声，场面热烈，空前绝后。

行近王宫时，那些贵族、大臣们早已站在宫门前等候多时，哥伦布立即下马，率领着整齐的行列神情肃穆地步入王宫。

斐迪南国王和伊莎贝拉女王端坐在宝座上，面露微笑地接见哥伦布。

哥伦布缓步向前，庄严肃静地向国王及女王陛下行最高敬礼。

文武大臣和众多贵族全都肃立两旁，偌大的宫殿内鸦雀无声。

国王和女王指着预先准备的椅子，特别赐坐，并致慰勉之礼。

哥伦布恭恭敬敬地报告说：“托国王和女王陛下的福，总算

哥伦布受西班牙王室接见

未辱使命，发现了印度，并且把沿途的若干岛屿归入西班牙的版图。这次带回来的黄金虽然不多，不过，微臣相信，如果陛下准许臣第二次组队去探险，必能发现更多的新陆地和更多的黄金，为陛下增加更多的财富和版图，也可以把基督的福音传播得更远、更广。”

“好，我答应你，我们一定全力支援。”国王和女王非常高兴，立即应允并恳切地对哥伦布说：“这一趟探险太辛苦你了！你暂时在宫里留住几天，我还有很多的事情想问你呢。”

随后，哥伦布一连几天住在巴塞罗那的王宫里并受到热情的款待，终日陪伴着国王和女王陛下，详细地把这次探险时沿途所见所闻一一禀告。这些都是深居简出的国王和女王闻所未闻的奇事，因此他们决心让哥伦布再度组队去探险。

第五篇 殖民地的建立和巩固

创造难，模仿容易。凡事做最坏的打算，至少不会一败涂地。

——哥伦布

第一个将鸡蛋竖起来的人

一介平民如今一跃而成为举国闻名的英雄，而且在王宫里享受到了如此殊荣，当然会有人在一旁心生嫉妒了。

“他算什么东西！当初到西班牙来的时候，狼狈得像个乞丐，如今却耀武扬威起来了！”

“发现印度还不是靠运气！他有什么真本领？”

“这种投机分子，只不过是侥幸成功而已！”

“他一个外国人，身份低微，哪里配受到王室如此的宠幸？真叫人不服气！”

大凡胸襟狭窄的人对别人的成就、名誉或财富都会心生嫉妒，总是千方百计地加以诋毁、诬蔑、讥讽或揶揄。古今中外都是一样，这是人性的弱点所致。

有很多西班牙宫廷内外的大臣、贵族们在背地里对哥伦布百般地讥嘲，总想找个机会出这口气。

哥伦布从这些人的眼神中以及他们的言谈里，多多少少体味出这种情绪，行事更加小心翼翼，避免和他们发生争吵，并且尽量和他们保持一定距离。他心里明白，假如树敌太多，未来的探险事业必定会增加阻挠。

有一天，贵族们举办宴会，特地邀请哥伦布前往参加。

哥伦布本想回绝，可是对方一再相邀，盛情难却，只好答应并准时赴会。

这次盛大的宴会，真可谓冠盖云集，绅士淑女们济济一堂。

餐后舞会之前，有一位贵族站起来向大家高声地说："各位！现在大家都在谈论着新航道的话题，都认为这件事非常伟大，非常了不起。可是，在我看来，只要有性能良好的船只和足够的经费，谁都可以办得到的，算不得什么伟大。"

这时候，听众里边有人不怀好意地纵声大笑；有人嗤之以鼻，以不屑的眼神盯着哥伦布；有的人则以幸灾乐祸的心情等待哥伦布的反应，准备看一场好戏。

哥伦布慢慢地站起身来，这时候，全场的眼光都集中在他一个人身上，大家静静地等待事情的变化。

哥伦布缓步走到餐桌前，拿起一枚煮熟的鸡蛋然后扫视全场，说道："在场有哪一位能把这枚鸡蛋的尖部朝下，让它竖立起来？"

马上有一位绅士走向前去应战，可是他左试右试，怎么也不行。另有一些好奇的淑女们也拥上去试着把它竖起来。可是鸡蛋滚来滚去，大家笑成一团。

这时候，有一位贵族实在忍耐不住了，他高声说道："你提出这个问题是什么意思？这根本办不到的嘛！"

哥伦布面带微笑地反问说："你认为办不到，是不是？我却可以办得到。"

全场爆出一阵哄笑，哥伦布的话到底是真是假，大家都急切地等待着。

哥伦布拿起那枚鸡蛋"咔"的一声把蛋的尖端打碎，放在桌上，蛋就一动不动地竖在那儿了。

又是一阵哄笑，有的人笑出了眼泪，有的人捧着肚子直不起腰来。

"原来如此！这是当然的嘛！谁不会做？"大家七嘴八舌地争吵着，等到场面略为平静以后，哥伦布从容不迫地说道：

"不错！这是轻而易举的事，谁都会做。可是，在我没有做以前，各位怎么不知道这么去做呢？"

"在别人没有做以前，谁都不知该怎么做；一旦别人做了以后，却又认为谁都可以做。"

"请各位想想其中的道理吧，再见！"

说完这句话，哥伦布头也不回地昂首离去。

"哥伦布与鸡蛋"的故事，一直流传至今，被人们津津乐道地传颂着。

第二次航海

哥伦布第二次航海的准备工作进行得很顺利，这次准备出海的船只一共有17艘，其中3艘是大型帆船，14艘是小型帆船。

人员包括：战争结束后闲下来的贵族、为殖民地建设而工作的农民、开矿的技术人员、木匠等，总数高达1500人。

哥伦布打算在这次航海中把现居法国的巴索罗缪和热那亚的狄亚哥两人一起带去。有这两位弟弟同行，他觉得比较可靠，因为自己的亲兄弟是不会像宾逊兄弟那样背叛他的。

“大哥！真是做梦也没有想到我能够跟你一起出航。”从热那亚赶来的狄亚哥和哥伦布紧紧拥抱在一起，向他吐露出内心的欣喜。“巴索罗缪怎么到现在还不来？距离启航的时间已经不远了……难道是没有收到我的信?”狄亚哥着急地自言自语。

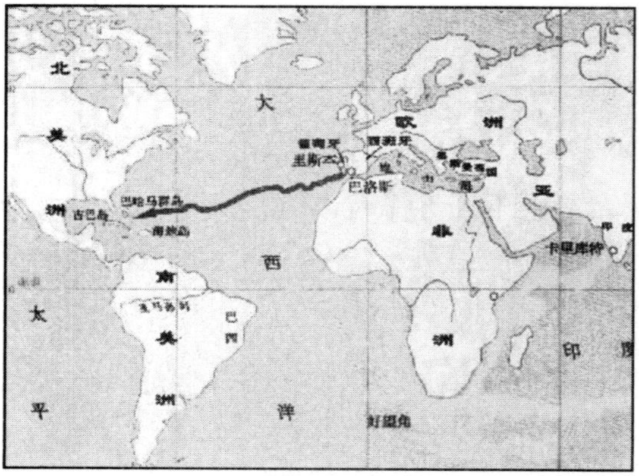

哥伦布第二次美洲之族航线

第二次的航海照计划是要从加第

斯港出发的。1493 年 9 月 25 日，大船队扬起了西班牙国旗，浩浩荡荡地离开了港口。

“巴索罗缪没有赶上，实在太可惜了！”狄亚哥站在哥伦布身边遗憾地说，哥伦布也只好死心了。

这时候，巴索罗缪正从法国快马加鞭地赶往加第斯港。当他赶到加第斯时，哥伦布的船队却在前一天已经出航了。

“我来迟了一步！”巴索罗缪若有所失地望海兴叹。不过他不肯就此作罢，决心要设法挽回这珍贵的机会。

“我无论如何也要追上船队才行。对了，想办法搭乘一艘西行的船只从后面追赶吧！”巴索罗缪这样想着。

哥伦布率领的大船队在海上没有遇到什么大的风暴，于 11 月 3 日抵达西印度群岛，随后又发现了多米尼加岛。这就是说，他们这次航程比第一次稍微偏向了南方。

“驻留在拉·那比达德营寨里的 40 名伙伴们大概已经等得很焦急了。”哥伦布望着眼前的茫茫大海，着急地想。

哥伦布指挥着船只全速驶往海地岛。然而，奇怪的是他们到达海地时，却发现拉·那比达德营寨一片静寂，船队放了信号炮，还是毫无反应。

土著人首领像

“大事不妙，营寨被人彻底捣毁，守备的人无一幸存，想必是遭到土著人的袭击了！”奉命上岸侦察的部下气急败坏地跑回来报告噩耗，这完全超出了哥伦布的意料！

哥伦布连忙乘上小艇赶往营地查看，营地果然面目全非，围栅全部倒塌，宿舍和仓库全部烧成了废墟。

哥伦布看到这里的惨状，愣在那里半天说不出话来，他满腹疑惑，不知道这里到底发生了什么事。

这时候，远远地看到几个土著人在树林里探头探脑地张望。他们看到哥伦布回来了，壮着胆子缓缓地走了过来。

哥伦布经过翻译才了解了事情的原委。原来，营地里留驻的西班牙人在哥伦布乘“尼纳”号离去之后，就开始对岛上的土著人做出蛮横的暴行，他们胁迫土著人带路去找寻黄金，如果有不听话的人，就用利剑把他们杀了。

他们不但抢走了土著人的黄金，而且为了分赃问题而发生内讧。后来，大家索性各自为政，平时正经事不做却整天在打黄金的歪主意，对那些生性温和的村民强取豪夺，干下了不少坏事。

对白人的暴行忍无可忍的土著人在酋长卡奥那波的号召下，大举进攻营寨，将白人全部杀死。

哥伦布感叹地说：“他们利令智昏，咎由自取，怨不得谁。此地的土著人本来对我还相当尊敬，今后，彼此却不好相处了！”

哥伦布权衡利弊，决定放弃拉·那比达德的营地，转移目标，选择从此地往东约15公里的一个海湾附近建立新的殖民地。

于是，在西印度群岛出现了第一个欧洲式的城市，哥伦布为了纪念西班牙女王，就把它取名为伊莎贝拉市。

哥伦布指挥随船到达的1500人，在这块新土地上努力工作，工程顺利地进行。巍峨的总督府、普通的民房、住宅及教

美丽的伊莎贝拉风光

堂、仓库等都陆续建造起来。经过几个月的辛劳，一切已经初具规模、坐落于港口旁的小型都市即将完成。

不料，以贵族吉亚士为中心的一小撮人却在密谋造反。这次航行的随员中有不少是贵族，他们平日养尊处优，不事劳务。此次随船出海，枯燥的海上生活就已经够他们受的了，如今还要他们冒着炎暑流汗工作，食物和药品也都很短缺，再加上热病流行，一个个体力不支，相继病倒。

这批人之所以甘愿出来冒险，主要的目的是想来淘金。现在，黄金还没有到手却先要做苦工，早就一肚子的怨气，纷纷埋怨起来。

“什么黄金、珍珠，一样也没有找到，这明明是哥伦布欺骗了我们！与其在这里耗下去，不如干脆夺船驶回西班牙。”“这种做法，可是犯了脱逃罪呀！”“怕什么？我们只要一口咬定哥伦布向国王提出的报告完全虚假不实，对西班牙不会带来什么好处，我想国王也会听我们的。”

哥伦布获悉他们的阴谋后，立刻行使总督的职权把吉亚士拘押起来。不过，哥伦布心里想，为了杜绝谣言，同时也为了对国王有所交代，总得先想办法把黄金弄到手才行，否则，在他们的心目中自己就真的成为一个大骗子了！

主意打定，哥伦布立即调集了 400 名士兵，派一个干练的人带队，到希巴奥一带去探测金矿。

1494 年 1 月上旬，这一支探测队从伊莎贝拉市出发，越过高山峻岭和茂密的森林，到达了希巴奥。

他们看到溪流里的金砂闪闪发光，极为诱人，队员们个个兴奋不已。

希巴奥的印第安人知道白人来此的目的是搜求黄金，于是纷纷自动地拿金子来交换玻璃珠和铜铃等在他们看来很稀奇的东西。

哥伦布接获报告后，心想呈献给国王的最佳献礼，已经到手了。

于是，一方面命令在希巴奥建立“圣·汤姆斯”营寨，由贵族出身的马加利德负责统率、指挥，另一方面派遣船队把搜集到的黄金运回国内去。

然而人们的欲望是永无止境的，当初发现溪流里净是闪闪发光的金砂，确实使这批怀着淘金梦的人们欣喜若狂。渐渐地这种颗粒状的金砂已引不起他们的兴趣了。

由于欲壑难填，这批人又逐渐地对现实不满了。哥伦布看在眼里，心中也暗自焦急。

果不出所料，几个阴谋分子正在暗中策划准备夺船逃回国内。幸而事机不密，被哥伦布及时得知，阴谋未能得逞。

不过，为了要使他们安心，根除不满的情绪，唯有设法早日发现大量的黄金产地，否则，不幸的事端仍难避免。

1494 年 3 月中旬，哥伦布率领一批精壮的部下到希巴奥附近的山区去勘测，看看到底有没有整块的黄金，他们一路披荆斩棘，翻山越岭，经过不少的陡峻山峰和深谷，除了溪流里耀眼的金砂外，并没有发现金块。

当他们经过一座土著人的村落时，土著人们拿出金砂来和他们交换物资。

其中一位年老的土著人告诉他们说，在对面不远的海岛上，出产大量的黄金，从他比画的手势看来，不是颗粒状的沙金，而是很大的金块。

哥伦布听了极为兴奋，他以为日本就在眼前了。

他一回到伊莎贝拉市立即率领船队出发。

临行前，他向弟弟狄亚哥交代说："下一个目标是探寻日本，现在我马上要出航了。在我出海期间，一切职务由你代理。这些贵族们骄横跋扈，你要小心应付，凡事忍让，尽可能不要跟他们发生冲突。"

1494 年的 4 月 24 日，哥伦布率领三艘船从伊莎贝拉出发，经过几个月的探险航行，终于又看到了陆地，但这次他并没有到达日本，却发现了牙买加岛。

背景知识

西印度群岛

西印度群岛是北美洲的岛群。位于大西洋及其属海墨西哥湾、加勒比海之间，北隔佛罗里达海峡与美国佛罗里达半岛相望，东南邻近委内瑞拉北岸，从西端的古巴岛到委内瑞拉北海岸的阿鲁巴岛，呈自西向东突出的弧形，伸延4700多公里。面积约24万平方公里，由1200多个岛屿和暗礁、环礁组成。

1492年，哥伦布奉命携带西班牙国王致“中国大汗”国书首航，横渡大西洋，于10月12日登上巴哈马群岛东侧的圣·萨尔瓦多岛，他误认为该岛是印度附近的岛屿，后因该群岛位于西半球，故称西印度群岛，并沿用至今。

群岛自北向南分为巴哈马和大安的列斯、小安的列斯（两

西印度群岛

者合称安的列斯群岛）三大组群岛及特立尼达和多巴哥岛四部分。大安的列斯群岛是西印度群岛的主体，系北美洲科迪勒拉山系的延伸部分，多属大陆岛，著名岛屿有古巴岛、海地岛、牙买加岛和波多黎各岛等。海地岛中部的杜阿尔特峰海拔3175米，是西印度群岛的最高峰。小安的列斯群岛主要由弧形排列的背风群岛、向风群岛及南缘的众多小岛组成，岛弧内侧以火山岛为主，外侧小岛多由石灰岩构成，地势低平。特立尼达岛为大陆岛，是南美洲安第斯山脉北段支脉的延续部分；多巴哥岛构造上属小安的列斯群岛，由火山岩构成。巴哈马群岛多属在海底石灰岩浅滩上发展起来的珊瑚礁岛，计有大小岛屿七百多个及众多岩礁。群岛中矿藏资源丰富，主要有铝土、石油、天然气、镍、铁、钴、铬、锰等，特立尼达岛上有世界最大的沥青湖（面积约47公顷）。群岛位于北纬10°—27°之间，地处东北信风带，盛行暖湿海洋气团，暖流绕经各岛沿海，各岛岛屿中向风的北部、东北部与背风的南部、西南部的气候和自然景观存在着明显差异。除高山以外，年平均气温多在25℃—26℃，最热月份为8月。迎风侧年降雨量为1500毫米—2000毫米，局部地区可达5000毫米，属热带海洋性气候；背风侧年降雨量500毫米—1500毫米，属热带干湿季气候，土壤以棕红色土为主。

西印度群岛原为土著居民印第安人的故乡。从15世纪末开始，土著人的家园相继沦为西班牙、英国、荷兰、法国、丹麦和美国等国的殖民地。长期的殖民统治，令印第安人几乎被赶尽杀绝，从非洲贩运来的黑人及其后裔成为该地区主要的劳动力，黑白混血种人形成了新的民族。19世纪初至第二次世界大战前，海地、多米尼加和古巴三国先后获得名义上的独立。二次世界大战后，又有牙买加、特立尼达和多巴哥、巴巴多斯、巴哈马、格林纳达、多米尼加联邦、圣卢西亚、圣文森特和格林纳丁斯、安提瓜和巴布达、圣基茨和尼维斯等10国先后宣布独立。但是，至今仍有10个地区尚处在英、美、法、荷等殖民者控制之下。

西印度群岛共有居民3000多万人，为拉丁美洲人口最稠密的地区。但人口分布不均，多集中在大城市和避风港附近。这里种族构成复杂，黑种人和混血种人约占60%，白种人和亚洲人分别占35%和5%左右，古巴和波多黎各以白种人为多（占70%以上），海地和巴巴多斯黑人占90%，巴哈马、牙买加、格林纳达等国，也多为黑人。其余多以黑白混血种人为主。在拉丁美洲13国中，古巴人口最多，已超千万，多米尼加和海地次之，特克斯群岛和凯科斯群岛人口最少，两群岛共有居民6000人左右。巴巴多斯人口密度最大，平均每平方公里578人。

殖民主义者长期统治的结果，使西印度群岛各国、各地区经济大都以农业为主，外国农业公司占有大量土地并雇工种植单一的经济作物。农作物以甘蔗种植为主，香蕉、咖啡、可可、烟草等次之，粮食不能自给。长期以来，甘蔗种植和蔗糖生产与出口构成各岛国的经济基础，其中古巴是人均产糖和出口最多的国家。群岛各国工业不发达，以铝土、石油等采矿业为主，其次有镍、铜和铁等开采与冶炼业，且多为外国资本控制；轻工业中制糖等食品工业较重要。

西印度群岛是大西洋经巴拿马运河通往太平洋的海上必经之地，交通和战略地位重要。海、空港众多，海、空联系便捷，主要港口有哈瓦那、圣地亚哥、金斯敦、圣多明各、太子港、圣胡安、西班牙港和威廉斯塔德等。近年来，旅游业有了较大发展，已成为世界著名的旅游、疗养胜地。在一些小的岛国中，旅游业收入已成为重要的经济来源。

哥伦布三兄弟治理新大陆

哥伦布率领的船队于1494年8月中旬回到了伊莎贝拉市。

长期的操劳和精神紧张，即使铁打的汉子也难以支撑。哥伦布站在甲板上，远远看到自己一手建设的伊莎贝拉市，不禁一阵感慨，随后他突然晕倒了。

船员们七手八脚地把他抬上岸去，住进总督官邸并由医务人员照顾着。

当他清醒后，睁开眼睛环顾四周时，差一点惊叫起来。

二弟巴索罗缪竟然出现在眼前！该不会是在梦中吧！还是自己病得眼花了？巴索罗缪抓住哥伦布的手激动地说："感谢神的恩典，你总算醒过来了。大哥，你已经昏睡了两天，我们都很着急呢！"这明明是二弟的声音，绝非梦幻。哥伦布心头一阵激动，精神也振奋了起来，他以微弱的声音问道："二弟，你怎么会赶到这儿来的？"

"说来话长，当年我遵照你的吩咐，到英国去向亨利七世求助，没想到在半路上遇到海盗，还被海盗洗劫一空，潦倒不堪，好不容易辗转流浪到法国，后来又回到了西班牙，哥哥却又第二次扬帆出海了。我向女王请求，准许我前来协助哥哥。承蒙女王允准，命我率领三艘船，满载食物、药品赶来接济。不巧，我刚好赶到，哥哥却又到南方探险去了。我立即率领船队向南方追赶，越过了古巴岛，只见一片汪洋大海，根本见不到哥哥船队的踪影，只得再回头，在伊莎贝拉市耐心地等待。好不容易盼到哥哥的船队回航，想不到哥哥却又病倒了！”巴索罗缪紧紧抓住哥伦布的手，急切地说。

哥伦布听完了弟弟的叙述，口中不断地喃喃祈祷，感谢神的恩典，眼眶里充满了喜悦的泪水。从此弟兄三人聚在一起，哥伦布不再感到孤寂了。

在弟弟们的悉心照顾下，哥伦布很快就恢复了健康。

这时候，岛上的情形却非常混乱。哥伦布出航期间，岛上的大小事务都交给弟弟狄亚哥全权处理。

然而狄亚哥生性温和，缺乏决断力，虽然是一个好人，却并不是理想的行政长官。

二弟巴索罗缪则和狄亚哥恰恰相反，他遇事果断，刚毅不屈，一经决定绝不更改，纵有天大的困难也尽力去克服，是一位卓越的领导人才。

于是，哥伦布任命二弟巴索罗缪为副总督，协助自己处理行政事务。

这么一来，自然又会引起一番私议：“哥伦布私心太重，他的弟弟刚来不久，就被任命为副总督，太过分了！这就是所谓‘一人得道，鸡犬升天’啊！”“这家伙遍植私党，野心不小！

我们应该向国王提出控告。”“对！最好把这个外国佬赶出西班牙去。”

人们的窃窃私语暂且不表。至于岛内混乱的情形，又是如何呢？

当初，哥伦布向南方出航前，把行政事务交由弟弟狄亚哥代理，军队则由马加利德指挥。

哥伦布出发后不久，马加利德仅留下五十几个士兵驻守在“圣·汤姆斯”营寨，自己则带领着大部分的军队到岛上各部落去骚扰，一路上搜刮黄金，欺凌土著人。

狄亚哥曾派人去制止他们，他们不但不予理会，反而勾结一些对哥伦布不满的贵族、教士们，唆使他们乘船回国去向国王进谗言。

马加利德的肆意横行引起土著人的公愤，前次攻陷拉·那比达德营寨的大酋长卡奥那波登高一呼，立刻募集到一万多名的土著人，他们探听到圣·汤姆斯营寨仅有五十几名士兵留守，于是越过山岭，穿过密林，把圣·汤姆斯团团围住，日夜猛烈攻打。

圣·汤姆斯位于丘陵地带，四周有河川围绕，易守难攻，驻守的士兵心里明白，一旦被他们被攻陷就难逃一死，所以个个奋勇抵抗。

究竟土著人的弓箭不及西班牙人的枪炮厉害，虽然人数众多，依然敌不过守军，眼看死伤累累，士气低落，好多土著人早就找机会溜掉了。

就这样，双方僵持了四十多天，大酋长卡奥那波只好下令撤退。

圣·汤姆斯之危虽然暂时解除，但是白人和土著人间的仇恨却日益加深了。

哥伦布听从了弟弟巴索罗缪的建议，对岛上的土著人恩威并施，没过多久，许多部落的小酋长都纷纷示好，双方协定和睦相处。

只有大酋长卡奥那波依旧顽强不屈，反抗到底。哥伦布的一位部下机智和胆识过人，他自告奋勇地表示可以生擒卡奥那波。

哥伦布本来有些将信将疑，但因为部下一再地请求，就答应拨一小队人马，姑且让他去一试。

三天以后，这个部下果然智擒了凶悍的大酋长——卡奥那波。

照理说，到此地步，整个岛上应该恢复过去的平静才对。却不料，卡奥那波的弟弟听说哥哥被俘虏了去，愤怒到极点，于是又唆使一些意志不坚定的小酋长，集合大军，企图突袭。

哥伦布本不想再有流血战争，现在迫于无奈，也只得集合部下准备战斗了。

手持火枪的欧洲骑士

1495 年 3 月下旬，哥伦布和巴索罗缪率领步兵 200 人，骑兵 20 余人，从伊莎贝拉出发向希巴奥进军。

巴索罗缪出发前向哥伦布说：“敌军

的人数超过我们若干倍，而且来势凶猛，我们不宜正面为敌，最好派人去和圣·汤姆斯的守军取得联系，两面夹击，才有胜算。”

“不错，我也是这么想。”哥伦布同意弟弟的看法。

巴索罗缪又建议说：“土著人自恃人数众多，必会轻敌。我们不妨虚张声势，把兵力分成几股，隐藏在密林里等候信号。等到敌人进入我们的埋伏圈，发出一声信号，大家从四面八方隐藏处向敌人猛袭，我相信一定能够以少敌众，大获全胜的。”

果然，当毫无警觉的土著人嘴里怪声叫喊，成群结队进入密林中，阵势很大，令人胆战心惊。

突然间，凄厉的喇叭声响彻山谷，隐藏在密林里的西班牙士兵从四面八方冲来，枪弹密如雨点，二十几个骑兵手舞长剑横冲直撞。

这些土著人人数虽多，怎禁得起训练有素而且火力强大的西班牙军队的奇袭？顿时，死伤无数，溃不成军，侥幸未死的也全都抱头鼠窜逃得精光。

岛上暂时恢复了平静，土著人也不敢再公然反抗。不过，以武服人绝非哥伦布的本意。这一次的流血对战使哥伦布备感愧疚、痛心不已。

背景知识

西班牙对美洲的征服和掠夺

与哥伦布开辟通往美洲新航道的同时，西班牙人就开始了对西印度群岛的征服和掠夺。1492 年底，哥伦布在海地北部建立第一个殖民据点。1496年，哥伦布的弟弟在海地南岸修建圣多明各城，作为统治西印度群岛的首府。西班牙殖民者以海地为基地，进而征服牙买加、波多黎各、古巴以至整个西印度群岛，在塞维利亚设印度事务部（1511）治理。他们“像穷凶极恶的豺狼闯进驯服的羔羊中”那样，对印第安人“滥施暴行、肆意屠杀”。到16世纪40年代，海地岛上6万多印第安人仅剩下500人，而牙买加、波多黎各和古巴等地的几十万印第安人几乎被斩尽杀绝。

公元1519至1521年，西班牙殖民者征服了墨西哥的印第安人。墨西哥是印第安人文化的摇篮，玛雅人和阿斯特克人先后在那里创造了灿烂的文化。玛雅人是唯一有文字的印第安人，被称为“新世界的希腊人”。早在公元前1000年前，他们已培育出玉米、番茄、甘薯、南瓜、辣椒、可可、棉花和烟草，为丰富人类生活做出重大贡献。他们创制太阳历，把一年分为18个月，每月20天，剩下最后5天为禁忌日，4年一闰加1天，总长365.2420日，接近现代科学的预测。阿斯特克人已经建立奴隶制国家，中心在墨西哥城（意为“战神指定的地方”），墨西哥城有居民8万人，是当时世界人口众多的城市之一。1519年4月，西班牙小贵族埃尔南多·科尔蒂斯（1485—1547），率领约600名步兵和200名印第安人，携带10门大炮、16匹战马，分乘11艘船，在墨西哥东海岸韦腊克鲁斯登陆，向阿斯特克人的国家发动进攻。国王蒙特祖马二世（1475—1520）派人给科尔蒂斯送去大量金银珠宝，请求退兵。科尔蒂斯则极尽挑拨离间，竟与对蒙特祖马不满的其他印第安人部族结成同盟，于11月进入墨西哥城。蒙特祖马不仅不抵抗，反而亲自主持盛大的欢迎式，把科尔蒂斯迎进王宫里。科尔蒂斯设计逮捕蒙特祖马，并借助蒙特祖马的名义，肆意勒索金银珠宝。1520 年 6 月，印第安人奋起反抗，科尔蒂斯一伙乘雨夜仓皇出逃，被杀和落入湖里淹死的西班牙入侵者不计其数，抢来的财宝落入湖底，这就是历史上著名的“忧伤之夜”。1521 年 8 月，科尔蒂斯再度率兵攻入墨西哥城，将墨西哥变为西班牙的殖民地，称“新西班牙”。公元 1523 至 1524 年，西班牙人又侵入危地马拉、洪都拉斯、尼加拉瓜和萨尔瓦多。

公元 1531 至 1533 年，西班牙殖民者征服秘鲁。秘鲁是印第安人的又一个文明中心，自称为太阳后代的印加人在这里建立了庞大的帝国。印加人擅长建筑，被誉为印第安人的建筑工程师。首都库斯科有金碧辉煌的太阳庙和栩栩如生的“黄金花园”。他们修建的贯通南北的大道，被认为是人类最伟大的工程之一。1531 年 1 月，弗朗西斯科·皮萨罗（约 1475—1541）带领 180 名士兵，携带 2 门大炮、50 匹战马，分乘 3 艘船，离开巴拿马，在秘鲁西北沿海登陆。1532 年 11 月，皮萨罗乘印加发生王位争端之机，占领北方重镇卡哈马卡，并巧设伏兵突然袭击，活捉国王阿塔华尔巴，杀死 2000 多印加人。皮萨罗向国王勒索能填满关押他的牢房（长 6.71 米，宽 5.19 米，高 2.75 米，约合 96 立方米）的黄金和大量的白银后，又背信弃义地把他杀掉。1533 年 11 月 15 日，皮萨罗带兵攻入印加首都库斯科，变秘鲁为殖民地。

接着，西班牙殖民者又武力征服了厄瓜多尔、哥伦比亚、玻利维亚、智利等南美国家。到 16 世纪中叶，西班牙已侵占除巴西以外的中南美洲，建立了庞大的殖民帝国。

16世纪初，西班牙成立直接对国王负责的印度事务委员会，主管美洲殖民地的行政、军事、财政、立法、宗教等事务。还成立贸易专署，负责西班牙与美洲的贸易。在美洲，设立新西班牙（墨西哥）、新格拉那大（哥伦比亚、委内瑞拉）、秘鲁和拉普拉塔（阿根廷）四个总督区，派总督治理。西班牙在美洲推行“监护制”（又称“监护征赋制”、“大授地制”），其内容是将大量土地和印第安人分给西班牙贵族、宠臣、冒险家和天主教会（称“监护人”）世袭占有，他们有权迫使印第安人从事建筑、开发矿藏、耕种土地、缴纳赋税和服种种劳役（给极少报酬），有权要求印第安人信仰基督教成为基督徒。印第安人名义上是自由人，实际上是奴隶。“监护制”最初在圣多明各推行，后来扩及整个西属美洲。随着印第安人的灭绝，“监护制”被黑人奴隶制代替。西班牙殖民者伙同葡萄牙人，把大批非洲黑人运往美洲，迫使他们在矿井里和种植园里从事极其艰苦的劳动。据说，青壮年人在种植园里的平均劳动寿命只有7年。矿井里的劳动艰苦、劳动条件差，当矿工往往就意味着有去无还，亲人往往事先为其送葬。16世纪运到美洲的黑人为90万人，17世纪为275万人，18世纪达到高峰700万人。到19世纪70年代，共有1500万黑人被运往美洲。每贩运一个黑人到美洲，就有5人死在被贩往去非洲大陆的途中。这样，非洲约损失人口6000万到1亿。西班牙殖民者在印第安人和黑人的白骨上积累了大量的财富。公元1521至1544年，他们平均每年从美洲运走黄金2900公斤、白银30700公斤。到公元1545至1560年，黄金增至5500公斤，白银为246000公斤。16世纪末，西班牙在美洲开采的贵金属占世界总产量的83%。

归航西班牙

1494 年 6 月前后，哥伦布正在岛上辛勤经营、艰苦奋斗的同时，那几位先前受马加利德唆使，返回西班牙的贵族却在国内拼命地攻击哥伦布："哥伦布这个野心家，意图独占新陆地的财富，对待部下极为苛刻，驱役他们去从事劳动。他们不眠不休地工作，却得不到合理的报酬，简直比牛马还不如！由于过度的劳动，加以粮食缺乏，很多人都体力不支，病倒了，哥伦布却不给他们医治。部下稍犯过错动辄鞭笞，任意侮辱。他简

存放哥伦布航海资料的印第安档案馆

直没有把国王和女王放在眼里，他自己就是一个暴君。”流言一传十，十传百，人们慢慢也就相信了。

后来，这些话渐渐地传到了哥伦布的耳朵里。他心想：我忠心耿耿地为国王和女王效力，辛辛苦苦地在这里经营，却无端地受到谗毁、诽谤，马加利德这帮人实在太可恶了！为了澄清这种可怕的流言，我必须回去，为自己辩护！

哥伦布建造了一艘新船，定名为“圣·库列兹”号，又把“尼纳”号翻修一新。哥伦布让一些水土不服、不适于岛上居住的以及需要回国治病的人乘搭这两艘船，返航西班牙。

途中他们还遭遇到暴风的袭击，船只几乎沉没，使得行程受阻，羁延了不少时日，还差一点断了粮。

1496 年 7 月 11 日，哥伦布终于踏上西班牙的国土。

第二天，哥伦布立即去晋见国王和女王。两位国王对他慰勉有加，并没有听信流言而对他有所责难，哥伦布这才放下心来，并开始着手筹备第三次的航海。

第六篇　坚持航海梦想

我自年轻时出海以来，至今还不曾离开海上的生活。这种职业，似乎能使所有干这一行的人，产生探索世界奥秘的愿望。

——哥伦布

第三次航海

1498 年 5 月底，哥伦布开始他的第三次航海。

不过，这一次的情况相当凄惨，主动参加的人寥寥无几，后来还是靠政府的力量让一些罪犯加入，才勉强凑足人数。出航的那天，码头上冷冷清清，跟他第一次凯旋回国时的热闹情景不可同日而语。

为什么呢？这是有原因的。

第一，哥伦布发现的新陆地，仅是在溪流里发现金砂，却没有大块的黄金，人们认为不值得去吃苦冒险。

第二，许多人受了谣言的影响，把哥伦布看作是冷酷无情、自私心很重的人，不敢跟随他。

哥伦布并未因此而沮丧，他一心要去发现黄金之国，并积极地建设新殖民地，以报答女王的知遇之恩。

哥伦布与水手扬帆起航

哥伦布在这次航海中又发现了千里岛，然后越过南美洲大陆，一路往弟弟们所在的海地岛驶去。

岛上的伊莎贝拉市和新建立的圣多明各市分别由狄亚哥和巴索罗缪两人治理。

贵族们在岛上胡作非为，把土著人当作牛马般役使，获得的财富则吞入私囊。

哥伦布弟兄如果偶尔有些小过失，贵族们就夸大其词地蓄意渲染，写信向国王和女王报告，极尽毁谤、中伤之能事，把一切过错归咎于哥伦布一人。

起先，两王对这些诬告不为所动，但时日一久，诬陷哥伦布的报告像雪片般飞来，也就不能再置之不理了。于是，西班牙国王派了一位名叫叶索巴狄拉的贵族前往该岛调查。

叶索巴狄拉是一位阴狠狡猾的人，他心中打定主意，不管哥伦布有无罪责，反正先把他拉下总督的宝座，由自己以代理人的身份接管下来再说。

同情哥伦布的人听说派了这么一位狠毒的人物前来调查，都为哥伦布担心。但哥伦布却坦坦荡荡，无所畏惧，认为自己的行为光明磊落，问心无愧，没什么可怕的。

美国纽约的哥伦布塑像

1500年8月，叶索巴狄拉到达圣多明各市后，还没有着手调查，就宣布自己是奉了国王之命前来拘捕哥伦布的。

他先下令把狄亚哥和巴索罗缪扣押起来，哥伦布闻讯赶来，责问叶索巴狄拉说："你为什么把我两个弟弟扣押起来?"

叶索巴狄拉冷笑着回答："有人控告你企图将此岛占为己有，而且对待土著人暴虐残忍。如今我奉了国王之命来拘捕你，把你押解回国，接受国法制裁，我看你还是乖乖地认罪吧!"

国王竟然派人来拘捕哥伦布回国，哥伦布满腔悲愤，双眼冒火，但他紧闭嘴唇，极力地忍耐着。

哥伦布心想，我是清白无辜的，女王陛下对我最为了解，只要回到国内，向国王和女王面禀一切，就可洗雪冤屈，还我清白。叶索巴狄拉是代表国王的全权使者，他狐假虎威，拿着鸡毛当令箭，我并不是对他有所畏惧，只是要遵守国法，做一个忠实国民，所以暂时不和他计较。

"好吧！请上铐。"哥伦布凛然无惧地伸出双手。

哥伦布是一位伟大的航海家、探险家，几十年的海上生涯，为理想、为抱负而艰苦奋斗，他具有过人的胆识和勇气，也有钢铁般的坚强意志。可是，无情的岁月在他脸上刻画出明显的痕迹，一头的白发，满脸的皱纹，但双眼炯炯有神，犹有一种凛然不可侵犯的神色。

“咔嗒”一声，哥伦布双手被扣上手铐的那一幕，使很多人眼含热泪，别过头去，不忍目睹。

沉冤昭雪

戴上手铐的哥伦布三兄弟被押解上船，关在一间狭小的船舱里。

叶索巴狄拉真算得上是阴狠毒辣的家伙，他不许船员们供应哥伦布弟兄三人充足的食物和饮水，也不准他们走出舱门活动筋骨，让他们终日闷在幽暗而狭窄的小舱里。

哥伦布终究已经上了年纪，怎禁得起如此折磨，他已变得不成人形了！

哥伦布被押解上岸的时候，人们简直不敢相信，眼前那位白发佝偻、四肢颤抖的干瘦老人就是刚毅不屈、意志坚定的伟大探险家哥伦布。人人投以怜悯、同情的目光，有些善心人在胸前画着十字，喃喃地为他祈祷、祝福。

第二天，哥伦布被押进王宫。

哥伦布跪在两王的御座前，女王见到他这副模样，一阵心酸，不禁潸然泪下。

跪在御座前的哥伦布见到心地仁慈的女王掉泪，满腹的委屈和辛酸一起涌上心头，泣不成声。

早在国王派叶索巴狄拉去调查哥伦布莫须有罪名的同时，国内也有些正义人士对于国王听信谗言而深表不满。

后来，听说叶索巴狄拉把哥伦布弟兄三人当作罪犯押解回国，更是引发各方的责难。

正义的呼声传进了两王的耳朵里，奸人们的诡计终于被拆穿。

两王对跪在御座下的哥伦布慈祥地予以慰勉，立即下令恢复哥伦布和他的两个弟弟的自由。

女王对叶索巴狄拉擅自拘押哥伦布尤为痛恨。她建议国王恢复哥伦布的总督职务，并把叶索巴狄拉免职。

哥伦布叩谢两王的恩典，退出王宫。弟兄三人感慨万千，相拥而泣。

最后的航海

前不久刚生过一场病的哥伦布如今又受到如此沉重的打击和折磨，以致身心俱疲，需要一段时期的休养。

哥伦布最后一次远航美洲时发现的玛雅遗址

哥伦布一面休养，一面等待国王的复职令，可是，迟迟没有消息。

原来国王另有想法。当初国王曾经和哥伦布约定，哥伦布可享有他发现的新陆地上的一切财富的十分之一，而且他的子孙世世代代承袭其职位。可是后来愈想愈不是滋味，不免有些后悔，但一时又想不出推翻约定的好借口。

经过一番思索，他终于想出一个冠冕堂皇的理由，他向女王说："叶索巴狄拉取代哥伦布治理该岛期间，广植私党，胡作非为，早就有很多人向我报告。如果让哥伦布恢复原职的话，那些和叶索巴狄拉沆瀣一气的余党必会联合起来跟哥伦布对抗，岂不是又将引起一场大混乱？倒不如先派一个有魄力的人去当总督，经过一番整顿，等情势转变以后，再让哥伦布回去复职比较妥当。"

这个理由确实听起来冠冕堂皇，无可反驳。哥伦布只好无限期地等待下去了。

1498 年，有一位葡萄牙人名叫辛伯达，发现了绕道非洲南端好望角而到达印度的新航道，消息很快就传遍全欧洲。

哥伦布虽然年纪已大，体力日衰，但是这个消息却又激起他的豪情壮志，由于他还没有真正到达印度，心里不肯服输，因此计划着再度出海。

他坚信古巴和海地是位于亚洲大陆东方海上的岛屿，可以从古巴南岸寻找到一条出印度洋的海峡。如果能够发现那海峡的话，那么到印度或日本的航行时间要比绕道好望角缩短很多。

西班牙塞维利亚的哥伦布墓墓碑

他的妻子苦苦相劝，希望他不要逞强，毕竟已经年纪一把了，不再适合远航。可是，哥伦布却不为所动，还准备把儿子带在身边一起去探险。

他把这项计划向两王提出，女王看到他年事已高，不忍心再让他去冒险。可是，哥伦布一再地恳求，两王被他的热忱打动，终于答应了他并应允予以全力支持。

哥伦布欣喜万分地积极筹备，由于仍有嫉妒的人在暗中阻挠，所以准备工作进行得很不顺利。

1502 年的 5 月，一切准备就绪，哥伦布再次扬帆启航。

当时，哥伦布的长子狄亚哥（和叔父同名）寄养在宫中，没有随同出海，哥伦布仅把年仅 14 岁的次子斐尔南带在身边。

这一次，仅有 4 艘不满百吨的小船，全部人员也不过 150 人左右。哥伦布让他的弟弟巴索罗缪担任其中一艘船的船长。

1502 年 7 月下旬，船队已经航行了两个月，由于其中有一艘船发生故障，于是船队就驶进海地岛的圣多明各港，准备寄港修理。

当时，岛上的新总督名叫奥班德，他们正企图把一批黄金偷偷地载运回国，怕被哥伦布撞见，所以他百般阻拦，不许哥伦布的船队进港。

哥伦布忍气吞声，把船队驶往附近的港湾停泊。

奥班德和叶索巴狄拉暗自高兴，命令部下迅速地把搜刮来的黄金、财宝装载到两艘船上，立即开船。

不料，开出圣多明各港的第二天，在海上遭遇到强烈的风暴，叶索巴狄拉连人带船葬身海底。哥伦布只好舍弃那艘损坏的破船，率领剩下的三艘从古巴岛向西南前进，7 月底发现了瓜拿加岛（离中美洲洪都拉斯不远的一个岛）。

据当地人说，他们在西北方还发现一块陆地。如果当时哥伦布向那个方向驶去的话，就可以发现墨西哥，进而发现美洲大陆了。

可是，他一心只想寻找通往印度的海峡，虽然已经到达洪都拉斯附近，竟然放弃不顾而向东行驶，因而离美洲大陆愈来愈远，使得后人为他惋惜不已。

接下来航程相当艰苦，途中风暴强劲，暴雨不停，布帆被狂风撕裂，船舱里灌进了海水，致使粮食霉烂，储水无法饮用。

船员们又饥又渴，加上过度的疲劳，纷纷地病倒了。哥伦布自己也得了风湿病。

好不容易挨到10月初，船队抵达了哥斯达黎加。

这时候，三艘船中又有一艘损坏得无法再用。

哥伦布眼看着这样的情形，心想，单凭剩下的两艘小船以及疲惫不堪的部下，无法完成使命，决定先返回海地岛。

哥伦布本想回到海地岛将船只、人员整补后，继续完成未竟的壮志。

不料回到岛上一看，这一片西班牙的殖民地被奥班德搞得面目全非，整个岛上的秩序混乱不堪，土著人和白人的仇恨日深，未来的前途令人担忧。

塞维利亚大教堂内的哥伦布墓

哥伦布对此痛心不已，他决定回国向两王痛陈一切，以确保殖民地的安全。

1504年9月，哥伦布返抵西班牙。这时的哥伦布身体衰竭，形容枯槁。

他不断上书给两王，但这些陈情书每次都落入奸佞之手，无法上达。

哥伦布回国后不到两个月，伊莎贝拉女王晏驾，从此宫廷里再没有支持他的人了。

哥伦布自己的财产早就全部垫作航海费用，至于他应得的十分之一的利益又被高官们侵吞，哥伦布连遮蔽风雨的房子都没有，只好住在巴拉特利德市内的一家小旅馆中，过着三餐不继的生活，还得和病魔搏斗。

伟大的探险家哥伦布被人遗忘了。在贫困、失意、孤寂、病魔的交缠下，1506 年5 月21 日，咽下了最后一口气，终年55岁。

背景知识

麦 哲 伦

哥伦布虽然开辟通往美洲的新航道，却没有到达富庶的东方，也没有给西班牙立刻带来可观的财富。而达·伽马开辟直通印度的新航道后，却给葡萄牙带来了惊人的利润。西班牙对此艳羡不已，希望也能找到一条直通东方的新航道，继续支持远洋探险活动。阿美利哥曾经设想，绕过新大陆的南端可以到达盛产香料的摩鹿加群岛。1513 年，西班牙的美洲殖民地总督巴尔波亚（1475—1517），率领探险队越过巴拿马地峡，在山顶上望见美洲西边一片汪洋，称之为“大南海”。他也相信，如能找到与“大南海”相通的海峡，就可以到达盛产香料的东方了。1514 和 1515 年，人们为寻找那个海峡先后南航到达阿根廷的拉普拉塔河口和圣马提阿斯湾。麦哲伦密切注意上述动态，随时准备完成这个任务。

费尔南多·麦哲伦（约 1480—1521），葡萄牙没落骑士家庭出身。1496 年起，在葡萄牙的航海事务厅供职，熟悉航海事业。

1505 至 1512 年，麦哲伦作为葡萄牙远征队的一名水手，前往印度、马六甲、苏门答腊、爪哇等地从事探险活动，在海战中英勇善战，多次负伤，受到葡萄牙国王的信任。他到过摩鹿加群岛（又译马鲁古群岛）的布鲁、安汶和班达岛，孰知再往东就是一片汪洋大海。他相信地圆说，而且他的经历使他很容易联想到，经过摩鹿加群岛以东的汪洋就能到达哥伦布所发现的美洲；换句话说，摩鹿加就在美洲的西方，只要能找到通往“大南海”的海峡，从欧洲西航同样能够到达摩鹿加群岛。他向葡萄牙国王提出自己的计划，遭到拒绝。1517 年 10 月，麦哲伦愤而迁往西班牙。1518 年 3 月，西班牙国王查理一世接见麦哲伦，并同他签订远洋探险协定。协定规定：任命麦哲伦为新发现地的总督和钦差大臣，有权得到新发现地全部收入（扣除开支后）的 1/20 并拥有新发现 6 个岛屿中的两个岛屿所有权；西班牙国王必须为探险队装备 5 艘船（130 吨的和 90 吨的各两艘，60 吨的一艘），提供必需的物资、武器和保障供应人员。

1519 年 9 月 20 日，麦哲伦率领 265 人，分乘 5 艘船，从塞维利亚的外港圣卢卡启航。1520 年 1 月，麦哲伦一行到达拉普拉塔河口，经实地勘察证明它不是一个海峡。2 月 24 日，船队驶抵圣马提阿斯湾。再往南行都是航海家从未到过的地方，而且冬季临近，风雪交加，航行极其困难。3 月 31 日，船队驶进接近南纬 50 度的圣胡利安港，只好在这里过冬。8 月 24 日，麦哲伦的船队继续南航。10 月 24 日，船队驶进南纬 52 度处的一个海峡，这个海峡很长，而且忽宽忽窄，弯弯曲曲，汊港交错，潮汐汹涌。有一艘船面临重重困难，掉头逃回西班牙。麦哲伦率领 3 艘船（另一艘早已沉没），经过 38 天的艰苦航行，于 11 月 28 日走出海峡，进入浩瀚无边的“大南海”。连接大西洋和

“大南海”的通道终于找到。从1520年11月底到1521年3月初，船队在“大南海”里航行3个多月，竟没有遇过一次暴风雨，于是麦哲伦便称它“太平洋”，这个名称一直沿用至今。

1521年3月，麦哲伦的船队驶抵菲律宾群岛的马萨瓦岛(马索华岛)。8年前麦哲伦从东方回到西方，现在他又从西方绕到东方，实际上他的西航理想已基本实现。4月27日，麦哲伦率队进攻宿务岛以东的马克坦岛，强令该岛人民称臣纳贡，被当地人击毙。不久，西班牙殖民者用血腥手段征服这个地区，并以王子菲利普的名字命名，这就是今天的菲律宾。5月1日，船队离开宿务岛，于11月8日辗转到达摩鹿加群岛的提多尔岛。12月21日，剩下的一艘船维多利亚号，在船长埃里·卡诺的率领下单独返航。该船满载香料，为避免葡萄牙人拦截，直接横渡印度洋，绕道好望角，再沿非洲西海岸北上，于1522年9月6日回到出发地圣卢卡港。麦哲伦的船队用整整3年时间，完成人类历史上第一次的环球航行，无可辩驳地证明地圆学说是正确的，为人们地理知识的扩充和科学的发展做出重大贡献。

达·伽马

瓦斯科·达·伽马，葡萄牙航海家，从欧洲绕好望角到印度航线的开拓者。他生于葡萄牙锡尼什，卒于印度科钦。青年时代参加过葡萄牙与西班牙的战争，后在葡萄牙宫廷任职。1497年7月8日受葡萄牙国王派遣，率船从里斯本出发，寻找通向印度的海上航路，船经加那利群岛，绕好望角，经莫桑比克等地，于1498年5月20日到达印度西南部卡利卡特。同年秋离开印度，于1499年9月9日回到里斯本。达·伽马在1502

至1503年和1524年又两次到印度，后一次被任命为印度总督。达·伽马通航印度，促进了欧亚贸易的发展。在1869年苏伊士运河通航前，欧洲对印度洋沿岸各国和中国的贸易，主要通过这条航路。这条航路的通航也是葡萄牙和欧洲其他国家在亚洲从事殖民活动的开端。

由于他实现了从西欧经海路抵达印度的航线开辟，而被永载史册。达·伽马自青少年时代起就接受航海训练，1460年出生的达·伽马父亲也是一名出色的航海探险家，曾受命于国王若昂二世，被派遣从事过开辟通往亚洲海路的探险活动，几经挫折，宏大的抱负竟未如愿以偿却溘然去世。达·伽马的哥哥巴乌尔也是一名终身从事航海生涯的船长，曾随同达·伽马于1497年探寻通往印度的新航线。

14至15世纪时的西欧，发展迅速，由于《马可·波罗游记》对中国和印度的精彩描述，使西方人认为东方遍地是黄金、财宝，然而原有的东西方贸易商路却被阿拉伯人控制着。为了满足自己对黄金的贪欲，欧洲的封建主、商人、航海家开始冒着生命危险远航大西洋去开辟到东方的新航道。

15世纪下半叶，野心勃勃的葡萄牙国王若奥二世妄图称霸于世界，曾几次派遣船队考察和探索一条通向印度的航道。1486年，他派遣以著名航海家巴托洛梅乌·迪亚士为首的探险队沿着非洲西海岸航行，决心找寻出一条通往东方的航路。当船队航行到今好望角附近的海域时，强劲的风暴使这支船队险些葬身于鱼腹之中。迪亚士被迫折回葡萄牙。从此，欧洲人便发现了非洲最南端的好望角。事隔几年，1492年哥伦布率领的西班牙船队发现美洲新大陆的消息传遍了西欧。面对西班牙将称霸于海上的挑战，葡萄牙王室决心加快抓紧探索通往印度的海上活动。葡萄牙王室将这一重大使命交给了年富力强、富有冒险精神的贵族子弟达·伽马。

1497 年 7 月 8 日，瓦斯科·达·伽马奉葡萄牙国王曼努埃尔之命，率领 4 艘船共计 140 多名水手，由首都里斯本启航，踏上了去探索通往印度的航程。开始他循着 10 年前迪亚士发现好望角的航路，迂回曲折地驶向东方。水手们历尽千辛万苦，在航行了将近 4 个月时间和 4500 多海里之后，来到了与好望角毗邻的圣赫勒章湾，看到了一片陆地。前方可能遇到可怕的暴风袭击，水手们无意继续航行，纷纷要求返回里斯本，而此时达·伽马则执意向前，宣称不找到印度他是绝不会罢休的。圣诞节前夕，达·伽马率领的船队终于闯出了惊涛骇浪的海域，通过好望角驶进了西印度洋的非洲海岸。1497 年圣诞节时，达·伽马来到南纬 31°附近一条高耸的海岸线面前，他想起这一天是圣诞节，于是将这一带命名为纳塔尔，葡语意为“圣诞节”，现今南非共和国的纳塔尔省名即由此而来。继后，船队逆着强大的莫桑比克海流北上，巡回于非洲中部赞比西河河口。4 月 1 日船队抵达今肯尼亚港口蒙巴萨，当地酋长认定这批西方人是他们海上贸易的对手，态度极为冷淡。然而，当达·伽马船队于 4 月 14 日来到马林迪港口抛锚停泊时，却受到马林迪酋长的热情接待。他想与葡萄牙人结成同盟以对付宿敌蒙巴萨酋长，并为达·伽马率领的船队提供了一名理想的导航者，即著名的阿拉伯航海家艾哈迈德·伊本·马吉德。这位出生于阿拉伯半岛阿曼地区的导航员马吉德，是当时著名的航海学专家，由他编著的有关西印度洋方面的航海指南至今仍有一定的实用价值。达·伽马率领的船队依靠经验丰富的领航员马吉德的导航，于4月24日从马林迪启航，乘着印度洋的季风，沿着马吉德所熟知的航线，一帆风顺地横渡了浩瀚的印度洋，于5月20日到达印度南部大商港卡利卡特。该港口恰是半个多世纪以前，我国著名航海家郑和所经过和停泊的地方。同年8月29日，达·伽马带着香料、肉桂和五六个印度人率领船队返航，途中经过马林迪，并在此建立了一座纪念碑，这座纪念碑至今还矗立着。1499年9月达·伽马带着剩下一半的船员胜利地回到了里斯本。

1502年2月，瓦斯科·达·伽马再度率领船队开始了第二次印度探险，目的是建立葡萄牙在印度洋上的海上霸权地位。船队途经基尔瓦时，达·伽马背信弃义把基尔瓦酋长埃米尔扣押在自己的船上，威胁埃米尔臣服葡萄牙并向葡萄牙国王进贡。船队在坎纳诺尔附近海面上，达·伽马捕俘了一艘阿拉伯商船，将船上几百名乘客，其中包括妇女儿童全部烧死。据一名葡萄牙目击者叙述："……在持续了长时间的战斗之后，司令以残暴和最无人性的手段烧毁了那只船，烧死了船上所有的人。"为了减弱和打击阿拉伯商人在印度半岛上的利益，达·伽马下令卡利卡特城统治者驱逐该地阿拉伯人，而后又在附近海域的一次战斗中，击溃了阿拉伯船队。1503年2月，达·伽马满载着从印度西南海岸掠夺来的大量价值昂贵的香料，乘着印度洋的东北季风，率领13艘船只返回葡萄牙，同年10月回到了里斯本。据说，达·伽马此次航行掠夺而来的东方珍品香料、丝绸、宝石等，其所得纯利居然超过第二次航行总费用的60倍以上。

当达·伽马完成了第二次远航印度的使命后，得到了葡萄牙国王的额外赏赐，1519 年受封为伯爵。1524 年，他被任命为印度副王。同年 4 月达·伽马以葡属印度总督身份第三次赴印度，9 月到达果阿，不久染疾，12 月死于科钦。

自从达·伽马发现好望角并且到达印度，为了垄断葡萄牙与东方之间的贸易利益，面对欧洲各国列强，葡萄牙王室曾一度对他们封锁了绕过好望角可达到印度的消息。另一方面，葡萄牙王室又秘密策划了对印度洋上其他航路的封锁，并发动了一场针对阿拉伯人的海战，在印度洋上打败了阿拉伯舰队。一时间，葡萄牙船队成为独霸于印度洋海域的盟主。

由于达·伽马新航道的发现，自 16 世纪初以来，葡萄牙首都里斯本很快成为西欧的海外贸易中心。葡萄牙、西班牙等国的商人、传教士、冒险家汇集于此，从里斯本启航去印度以及东方掠夺香料、珍宝、黄金。这条航道为西方殖民者掠夺东方财富实现资本的原始积累带来了便利。

新航道的打通同时也是欧洲殖民者对东方国家进行殖民掠夺的开端。此后几个世纪中，西方列强接踵而来，印度洋沿岸各国以及西太平洋各国相继沦为殖民地和半殖民地。达·伽马的印度新航道的开辟，最终给东方各国人民带来了深重的民族灾难。

附　录

哥伦布年表

1451 年，克里斯托夫·哥伦布出生在意大利热那亚奥利维拉大街东门内的一座毛纺织作坊里。父亲明尼科·哥伦布，母亲苏珊娜·丰塔纳罗萨。

1465 年，哥伦布到学校学习航海术、地理、历史等知识。

1476 年，哥伦布成为一名航海海员。一次航海中，他的船队与威尼斯的船队交火，进行了激烈的海战。哥伦布跳海逃生到拉古什海滩。不久，便抵达里斯本。

1479 年，哥伦布与一位航海家的女儿——莫妮兹结婚，取得了葡萄牙国籍。他一边钻研航海术，一边靠绘制海图来维持生活。

1480 年，哥伦布探险计划已经成熟。此后，哥伦布多次向葡萄牙国王递交探险计划，也曾向法国国王和英国国王做游说，但都遭到拒绝。

1481 年，哥伦布的第一个孩子出生，取名“狄亚哥”。

1482 年，哥伦布多次恳求约翰二世批准他的航行计划，没想到却被贵族和大臣们欺骗。

1484 年，哥伦布的妻子去世。秋天，哥伦布带着 3 岁的儿子偷偷溜出里斯本，来到了西班牙南部的巴洛斯。

1485 年，哥伦布有幸结识了一位名叫蓓雅崔克施·恩莉凯斯的贵族妇女并与她结了婚。

1486 年，哥伦布受到西班牙国王斐迪南的召见，递交了航海计划。但因国王忙于战事，航海计划耽搁了下来。

1488 年，哥伦布与恩莉凯斯生了一个男孩，哥伦布为他取名为斐尔南。

1492 年，西班牙在与摩尔军的战争中取得了胜利。哥伦布受命赶往圣塔菲，与国王斐迪南谈航海的条件，结果因要求太高而被拒。后经宫中大臣阿隆佐斡旋，女王同意了哥伦布的要求，并于 1492 年 4 月 17 日举行了签字仪式。

8 月 3 日，出航准备全部就绪，哥伦布率领“圣·玛利亚”号、“尼纳”号、“宾达”号三艘船和 120 名水手出航，揭开了“大航海时代”的序幕。此次航海总耗资 200 万铜币。

8 月 6 日，“宾达”号发生了故障。经过 20 多天的修补，3 艘船于 9 月 1 日又再度启航。

9 月 13 日，磁针出了毛病，引起船员的惊慌，后经哥伦布解释，才安抚下来。

9 月 24 日，船只陷入海藻包围，在强风劲吹下才于 9 月 25 号脱离海藻浮现的海面。

10 月 12 日，凌晨 2 点，哥伦布登上“瓜那哈尼岛”，举行了占领仪式，命名该岛为“圣·萨尔瓦多岛”，与当地土著人交换物品。

10 月 28 日，哥伦布抵达古巴岛，第一次发现了烟草。

12 月 24 日至 25 日，圣诞之夜，“圣·玛利亚”号触礁。在土著人的帮助下，把船上的物资搬运到“尼纳”号上。后来选了一个平坦的地方用“圣·玛利亚”号的船壳建造了一座营寨，命名为“拉·那比达德”，即“耶稣诞辰”的意思。

1493 年，1 月 4 日清晨，哥伦布乘坐“尼纳”号往西班牙返航。

1 月 6 日，发现了前几天暴风中逃跑或失散的“宾达”号。

2 月 15 日，回航船队来到了属于葡萄牙的圣玛利亚岛。船员被葡萄牙军官押走，后在哥伦布的严词交涉下得以释放。

3 月 4 日，饱经苦难的“尼纳”号驶进了葡属的塔加斯港，受到友好接待。

3 月 15 日，“尼纳”号重新回到了巴洛斯港。

3 月 17 日，马丁·宾逊率领的“宾达”号驶进巴洛斯港。由于两次逃离，马丁·宾逊无颜面见哥伦布，整天郁郁寡欢，不久病逝在家中。

9 月 25 日，哥伦布第二次出航，弟弟狄亚哥也赶来与哥伦布一起远航。这次的船队由 17 艘帆船、1500 名船员组成，总耗资 500 万—1000 万铜币，由加第斯港出发。

1494 年，1 月上旬，哥伦布的探险队到达了希马奥，发现了闪闪发光的金沙。用玻璃和铜铃与当地人交换了很多黄金，派遣船队运回国内。

4 月 24 日，哥伦布的探险航队发现了牙买加岛。

8月中旬，哥伦布率领船队回到伊莎贝拉市，因身体不支，晕倒。醒来看到二弟巴索罗缪出现在眼前，兄弟三人团聚。

1496年，7月11日，为了澄清流言，哥伦布重回西班牙晋见国王和女王，筹备第三次航海。

1498年，5月底，哥伦布第三次航海。

1500年，在不断传回攻讦报告的情况下，国王派了贵族叶索巴狄拉去调查哥伦布。8月，叶索巴狄拉没经调查便直接拘捕哥伦布及其兄弟。回西班牙后，哥伦布洗脱了罪名，但身心都受到了沉重的打击。

1502年，在哥伦布再三恳求下，得到了西班牙女王的允许和全力支持，于5月扬帆起航。这次是4艘不满百吨的小船和150人左右的船队。

7月底，哥伦布发现了离美洲洪都拉斯不远的瓜拿加岛。

10月初，哥伦布抵达哥斯达黎加，只剩两艘船可航行了。回到海地岛，殖民地因奥班德暴政，土著人与白人仇恨日益加深。

1504年，9月，哥伦布返回西班牙，身体衰竭，形容枯槁。回国后不到两个月，伊莎贝拉女王晏驾，宫中再也没有支持哥伦布的人了。

1506年，5月21日，哥伦布于西班牙巴拉特利德一家小旅馆中逝世。